COLLECTION JOANNE — GUIDES DIAMANT

AIX-LES-BAINS
MARLIOZ
ET LEURS ENVIRONS

NOUVEAU GUIDE MÉDICAL ET PITTORESQUE

(1 *carte et* 6 *gravures*)

QUATRIÈME ÉDITION

PARIS	AIX-LES-BAINS
HACHETTE ET Cⁱᵉ	HENRI BOLLIET
79, boulevard Saint-Germain, 79	Pl. Centrale, 54, et rue du Casino

1876

EN VENTE

A la Bibliothèque de la Gare

ET CHEZ

Les Libraires d'Aix-les-Bains

LA

COLLECTION COMPLÈTE

DES

GUIDES JOANNE

LES JOURNAUX DU JOUR

LES NOUVEAUTÉS LITTÉRAIRES

AIX-LES-BAINS

GRAND HOTEL DE L'EUROPE

Tenu par BERNASCON
OUVERT TOUTE L'ANNÉE

Maison de premier ordre, admirablement située près de l'établissement thermal et du Casino.

Vue splendide du lac et des montagnes ; beau jardin d'agrément.

Vaste salle à manger.

Grands et petits appartements. — Chalet pour familles.

Grands salons de lecture et de réunion ; fumoir. En un mot, cet hôtel ne laisse rien à désirer sous tous les rapports.

Equipages, écuries et remise. Omnibus à tous les trains.

HOTEL LAPLACE

(ANCIENNE MAISON GUILLAND)

GRANDE MAISON MEUBLÉE

Rue du Casino, en face l'Etablissement thermal

L'Hôtel, remis à neuf, et le jardin, ont reçu des embellissements considérables. — Appartements, chambres et service très-confortables.

GRAND HOTEL DE L'UNIVERS

ET DES AMBASSADEURS RÉUNIS

HÔTEL DE PREMIER ORDRE, OUVERT TOUTE L'ANNÉE

Vaste jardin. — Vue splendide. — Omnibus de l'hôtel à tous les trains.

RENAUD, propriétaire

AIX-LES-BAINS

GRAND HOTEL D'AIX

(Ex-Hôtel Impérial) OUVERT TOUTE L'ANNÉE

Tenu par E. GUIBERT

Établissement de premier ordre, admirablement placé près du Jardin public, du Casino et à proximité de l'Etablissement thermal; 80 chambres et 8 salons; salons de musique, de lecture, de conversation et fumoir. — Omnibus à la gare. — Voitures de remise.

HOTEL DES PRINCES

Tenu par GUIBERT

A côté du Télégraphe, près l'Etablissement thermal et en face le Jardin public. — Table d'hôte. — Grand jardin. — Omnibus.

HOTEL DES BAINS

(ANCIEN HOTEL BARDEL)

Situé près l'Etablissement thermal et le Casino.

On y trouve tout le confort d'une maison de premier ordre. Service exact.

Tenu par le propriétaire, M. DARDEL

GRAND HOTEL DE LA POSTE

(SAVOIE)

Helme GUILLAND, propriétaire

Situé près de l'Etablissement thermal du Casino, cet Hôtel, avantageusement connu, vient d'être considérablement agrandi, restauré et meublé avec luxe. — Il offre aux familles et aux baigneurs tout le confort que l'on peut désirer. — On y parle anglais et italien.

AIX-LES-BAINS

GRAND HOTEL DAMESIN

TENU PAR LE PROPRIÉTAIRE

Hôtel de premier ordre, situé rue de Chambéry, près du Casino et de la Gare, en face du Jardin public. — Vue du lac. — Grand jardin, salon de réunion et piano. — Table d'hôte et tables particulières.

GRAND HOTEL DE L'ARC ROMAIN
EN FACE DE L'ÉTABLISSEMENT THERMAL
TENU PAR
P. GUICHET

Table d'hôte à 10 heures et à 5 heures. — Dîners pour le dehors et à toute heure. — *Omnibus à tous les trains.*

HOTEL FOLLIET

Cet hôtel, de construction moderne, offre à MM. les Étrangers tout le confort désirable. — Jardin ombragé, Salon et Piano.

Il a, comme annexe : UNE MAISON MEUBLÉE, à l'usage des familles voulant faire leur ménage.

FOLLIET, propriétaire.

HOTEL BELLEVUE
Rue de Chambéry
A. FAVRE, propriétaire
Table d'hôte et service particulier

Chambres, Appartements et Salons. — A proximité de l'établissement des Bains et de l'avenue de la Gare.

Appartments, Rooms and Saloons. — Near the Bath Establishment and Rail Road avenue. — *English Spoken.*

AIX-LES-BAINS

MARLIOZ

ET LEURS ENVIRONS

PARIS
TYPOGRAPHIE GEORGES CHAMEROT
19, RUE DES SAINTS-PÈRES, 19

COLLECTION JOANNE — GUIDES DIAMANT

AIX-LES-BAINS

MARLIOZ

ET LEURS ENVIRONS

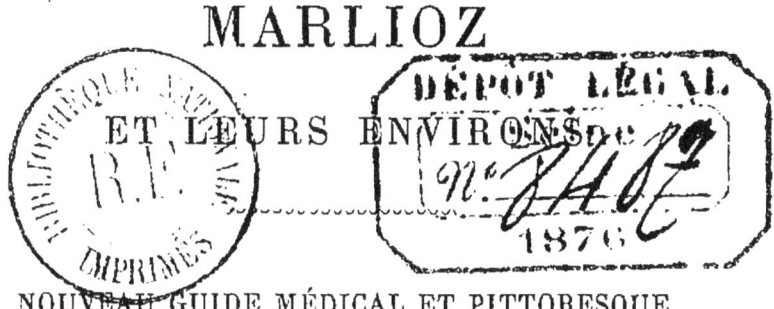

NOUVEAU GUIDE MÉDICAL ET PITTORESQUE

CONTENANT
TOUS LES RENSEIGNEMENTS NÉCESSAIRES AUX BAIGNEURS ET AUX TOURISTES
avec
LES TARIFS DE L'ÉTABLISSEMENT ET DU CASINO
DES BATEAUX, DES VOITURES, DES ANES, ETC.

(1 *carte et* 6 *gravures*)

QUATRIÈME ÉDITION

PARIS	AIX-LES-BAINS
HACHETTE ET Cie	HENRI BOLLIET
79, BOULEVARD SAINT-GERMAIN, 79	PL. CENTRALE, 54, ET R. DU CASINO

1876

NOTE DES ÉDITEURS

Le nouveau Guide que nous publions aujourd'hui s'adresse spécialement aux malades qui viennent aux eaux d'Aix-les-Bains ou de Marlioz.

Il nous a paru opportun de leur offrir un livre qui répondît méthodiquement aux diverses questions que soulèvent le voyage et le séjour à Aix.

Ce qui le distingue des publications antérieures, c'est une classification entièrement nouvelle des matières, qui sont rangées suivant l'ordre logique des besoins successivement éprouvés par le baigneur, depuis le moment de son départ de Paris jusqu'à celui de son départ des eaux. Un coup d'œil jeté à la table suffira pour faire comprendre le plan que nous avons suivi.

Toute la partie scientifique et médicale a été traitée par M. le Dr Maximin Legrand, médecin consultant à Aix-les-Bains.

PRÉLIMINAIRES

La nécessité ou la convenance d'un voyage à Aix-les-Bains étant reconnue, trois questions se présentent : 1º Combien coûtera ce voyage? 2º A quelle époque vaut-il mieux partir? 3º Comment faut-il partir?

1º Un Parisien peut venir à Aix, y rester 21 jours (une saison), et rentrer chez lui sans avoir dépensé plus de 280 fr. tout compris : voitures, chemin de fer, logement, nourriture, traitement, honoraires du médecin et pourboires aux employés.

C'est le minimum, et il ne sera obtenu qu'en se logeant et en se nourrissant dans les pensions les plus modestes.

Une somme de 350 à 400 fr. permettra l'accès des hôtels de deuxième ordre et des pensions les mieux tenues. Enfin, le séjour dans les hôtels de premier ordre, le voyage en express, les honoraires plus considérables au médecin, etc., n'entraîneront pas une dépense de plus de 600 fr.

Déduction faite de ce qu'on aurait dépensé en restant chez soi, ces prix sont peu élevés, et pour certaines personnes, ils constituent même une économie.

Il importe de bien établir son budget avant de partir. Les Américains, les Anglais, beaucoup de Parisiens, en un mot, les gens qui savent voyager, calculent tout au maximum, étant donnée la manière dont ils veulent vivre.

Les discussions qu'entraîne la comparaison des prix d'hôtel avec les prix du chez soi; le marchandage continuel à propos d'objets dont la valeur est ou paraît exagérée; la contrariété qui résulte des petites exploitations de détail, tout cela suffirait à gâter le plaisir du voyage pour une personne bien portante. C'est encore pis s'il s'agit d'un malade, presque toujours irritable et porté à voir les choses du mauvais côté. Il faut donc prendre d'un seul coup son parti des surprises inévitables auxquelles tout voyageur est exposé.

2º L'établissement des bains est ouvert toute l'année, mais les baigneurs n'y viennent en grand nombre que du 1ᵉʳ juin au 30 septembre. C'est du 10 juillet à la fin d'août que l'affluence est la plus considérable.

Il semble que ce soit la température intolérable de Paris à ce moment qui en chasse les étrangers et les Parisiens. Après quelques semaines passées à Aix, ils retournent à Paris pour leurs affaires ou leurs plaisirs et, de là, ils vont faire une seconde saison de villégiature aux stations des bords de la Manche, où le vent souffle et où il fait déjà froid. A moins d'indications spéciales, c'est le contraire qu'ils devraient faire. Pendant les mois de juillet et d'août, la chaleur est très-supportable au voisinage de la mer, sur les côtes de la Normandie, de la Bretagne ou de la Picardie, et c'est la meilleure époque pour prendre les bains de lames. C'est donc là qu'il faudrait aller d'abord, puis, après avoir touché barres à Paris, venir en Savoie au mois de septembre. La température y est délicieuse; les journées ne sont pas trop chaudes, les soirées sont tièdes; la campagne, couverte de trèfles et de sarrasins en fleurs, y est fraîche comme au printemps et plus verte que les vallées de l'Écosse.

En résumé, c'est au mois de juin, avant les grandes

chaleurs, avant la foule ; ou bien au mois de septembre, après les chaleurs et la foule, que le séjour d'Aix est le plus agréable — et le moins dispendieux.

3º Quatre trains de la Compagnie Paris-Lyon-Méditerranée amènent chaque jour directement les voyageurs de Paris à Aix-les-Bains.

D'abord le train direct, partant à 6 h. 35 du matin et arrivant à Aix à 10 h. 15 du soir.

Ensuite le train omnibus, partant de Paris à 3 h. 05 du soir, et arrivant à Aix le lendemain à 10 h. 34 du matin.

Enfin, les trains express, partant l'un à 11 h. du matin et arrivant à Aix à minuit 40 minutes ; l'autre partant à 8 h. 40 du soir et arrivant à 9 h. 52 du matin.

Ces derniers font le trajet en 13 heures et des minutes. Prix : 72 fr. 15. Les voyageurs ne changent pas de voiture.

Le train omnibus met 19 h. 29 à parcourir la distance qui sépare Paris d'Aix. Prix : 39 fr. 60.

Le train direct met 15 h. 44. Prix, 54 fr. 05.

Les voyageurs de ces deux derniers trains sont obligés de changer de voiture à Mâcon, à Ambérieux et à Culoz.

A moins de connaître déjà le pays et d'avoir un logement retenu d'avance, il est préférable d'arriver le matin : les heures de départ sont plus commodes ; on ne perd pas, de cette façon, la partie la plus intéressante du voyage, et l'on a toute la journée pour trouver un gîte convenable. A partir d'Ambérieux, le chemin de fer traverse en effet la chaîne du Jura et permet de contempler les sites, ou grandioses, ou charmants, toujours pittoresques, qui se succèdent sans interruption de Saint-Rambert-en-Bugey, à Tenay, à Rossillon, à Virieu-le-Grand et Artemare jusqu'à Culoz.

Au-delà de ce dernier point, la voie franchit le Rhône

sur un pont de fer, qui est une œuvre d'art remarquable. Quand la petite station de Châtillon est dépassée, le lac du Bourget s'offre à la vue sous un aspect vraiment merveilleux. On est placé à l'une de ses extrémités ; on peut donc embrasser d'un seul coup d'œil ses cinq lieues d'étendue, les hautes montagnes du bord occidental, qui plongent à pic dans ses eaux bleues, et les glaciers de la Maurienne, qui ferment l'horizon au midi. C'est un spectacle splendide, dont il serait regrettable de se priver.

Nous recommandons aux voyageurs de se placer, à Châtillon, à la portière de droite de leur compartiment. De l'autre côté, il n'y a rien à voir, la voie étant si étroitement serrée entre le lac et la montagne qu'elle est obligée de passer quatre fois, au moyen de tunnels, sous les promontoires de celle-ci.

Le Rhône, que l'on traverse entre Culoz et Châtillon, forme actuellement la limite des départements de l'Ain et de la Savoie. Autrefois, il séparait la France et la Savoie. C'est donc là que commence notre rôle de Guide, et, puisqu'il nous reste un peu de temps avant d'arriver à Aix, nous voulons en profiter pour rappeler sommairement les points principaux de l'histoire de ce pays.

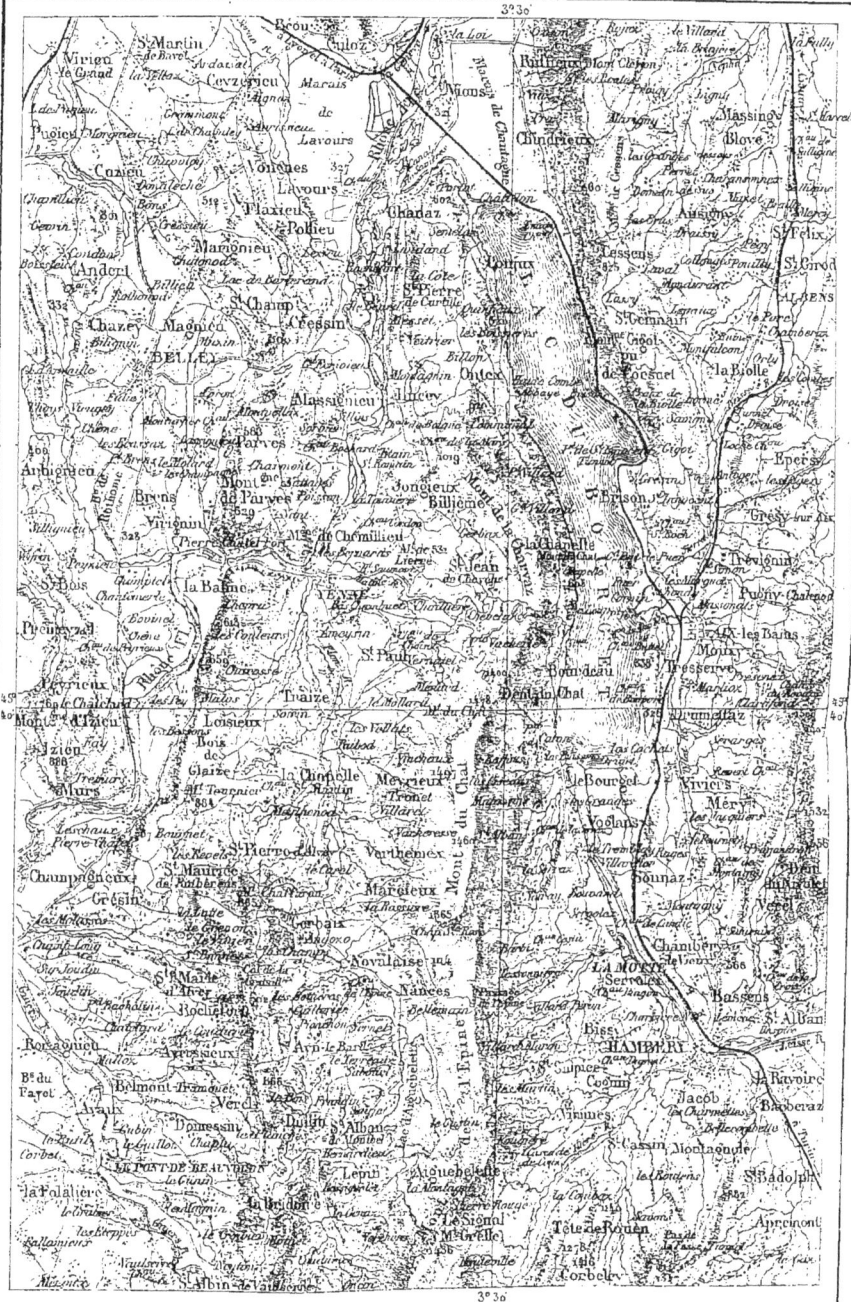

AIX-LES-BAINS

MARLIOZ

ET LEURS ENVIRONS

CHAPITRE Ier

LA SAVOIE

Position. — Située entre le 45°, 6', 51" et le 46° 21', 16" de latitude Nord, et entre le 3°, 28', 40" et le 4°, 43', 50 de longitude, à l'Est du méridien de Paris, la Savoie, qui forme deux départements français, est le pays le plus élevé de l'Europe. Son altitude est comprise entre les points extrêmes de 201 mètres (Saint-Genix-d'Aoste, au confluent du Guiers et du Rhône) et 4,810 mètres (sommet du Mont-Blanc.

Son territoire, qui mesure 133 kilomètres du N. au S., sur 108 de l'E. à l'O., est circonscrit naturellement par le Rhône, le lac Léman, les Alpes et le Guiers. Ses limites sont, au nord : le lac Léman et le canton de Genève, et, au midi, les départements de l'Isère et des Hautes-Alpes. Le Valais, la vallée d'Aoste et le Piémont la contournent à l'orient, et elle touche à l'occident les départements de l'Ain et de l'Isère.

Histoire. — La Savoie faisait partie de la Gaule transalpine, et appartenait à la Celtique *braccata* portant des *braies*, par opposition à la *comata*, portant les cheveux longs).

Comprise dans l'ancienne Allobrogie dont les deux villes principales étaient Vienne et Genève, elle prit, à la fin de l'empire romain, le nom de Sapaudia ou Sabaudia.

Ammien Marcellin, décrivant le cours du Rhône, est le premier auteur qui en fasse mention sous ce nom. Il vivait au IVe siècle.

Elle fut entièrement subjuguée l'an 121 av. J.-C., avec les Averni et les Ruteni, par Quintus Fabius, qui reçut à cette occasion, les honneurs du triomphe et le surnom d'*Allobrogique*.

J. César, après la conquête, divise la Gaule transalpine en quatre grandes régions : la province romaine (Provence) et les Gaules Aquitaine, Celtique et Belgique.

Le pays des Allobroges est réuni à la province.

Auguste, l'an 27 av. J.-C., se rend à Narbonne où il tient les Etats de la Gaule, et donne à la province le nom de Gaule Narbonnaise.

La Savoie en fait partie, sauf la Maurienne, annexée à la préfecture de Cottius.

En l'année 292 de notre ère, une nouvelle division de la Gaule eut lieu sous Dioclétien.

En 360, à la fin du règne de Constantin, la Savoie occidentale, soit tout l'ancien pays des Allobroges, faisait partie de la Viennoise, démembrée de la Narbonnaise.

En 379, l'empereur Gratien se rendit dans les Gaules, visita la Savoie et s'arrêta à Aix (*Aquæ Gratianæ*).

Lors du démembrement de l'empire romain, Gundicaire, fondateur du premier royaume de Bourgogne, lui adjoignit, en 413, la Savoie et les pays voisins. Ce royaume ne dura guère plus de cent ans et finit avec Gundemar. Conquise par les Francs, vers 534, elle fut soumise aux rois de la première et de la deuxième race jusqu'en 888, où elle passa sous la domination des rois du deuxième royaume de Bourgogne, lequel dura 144 ans. Fondé par Adolphe Welf, dans la région appelée Transjurane, il était limité au nord par les Alpes bernoises et la Reuss ; à l'ouest par le Doubs et la Saône ; au midi, par le Rhône et la Durance ; à l'Est, par les Alpes, qu'il franchissait dans la vallée d'Aoste.

Le traité de 933 réunit le royaume de Provence à celui de Bourgogne, et livra au roi Rodolphe II (couronné en 921) les pays compris entre le Rhône et l'Isère. La Savoie tout entière passa dès lors sous la domination des rois Rodolphiens par l'annexion de la Savoie propre, de l'évêché de Belley et de la Maurienne.

Rodolphe III, roi de la Bourgogne transjurane, étant sans enfant, s'associa, en 1016, son neveu l'empereur d'Allemagne, Henri II. A la mort de Rodolphe, Conrad le Salique, successeur d'Henri II, hérita donc du royaume de Bourgogne, qui fut réuni à l'empire germanique. Eudes II, comte de Blois et de Champagne, autre neveu de Rodolphe III, voulut s'emparer de cet héritage, et fut favorisé dans son entreprise par Gerolds, comte de Genève, l'évêque de Maurienne et nombre de vassaux. Humbert aux Blanches-Mains, comte de Maurienne, soutint les intérêts de l'empereur et contribua à faire échouer les efforts d'Eudes. Conrad l'en récompensa, en 1034, par la donation du comté de Savoie et du duché de Chablais. (Mortillet.)

A cette époque la Savoie n'était plus qu'un district d'une toute petite étendue, correspondant peut-être à l'ancien décanat ecclésiastique, renfermé dans un circuit de vingt-cinq à trente lieues, et soumis à l'autorité temporelle des évêques de Grenoble. Quant à Humbert, ou Hupert, c'était un comte bourguignon, conseiller, avocat ou défenseur de la reine Hermangarde, veuve du roi Rodolphe III, dit le Fainéant.

Pourquoi est-il connu sous le nom d'Humbert *aux blanches mains* ? Il avait été un des fidèles de Conrad, contre l'indépendance bourguignonne ; à la tête de bandes étrangères, il avait réprimé l'insurrection du peuple et des barons révoltés. Ses partisans voulurent-ils, en l'appelant ainsi, protester contre l'accusation d'avoir été vendu à la cause de l'Allemagne?

Toujours est-il que c'est à partir de ce moment que la Savoie rentre en possession de son autonomie. D'Humbert descendent les princes de Savoie, qui pendant huit siècles ont régné, d'abord sous le titre de comtes, depuis Thomas Ier, mort en 1223, puis sous celui de ducs, conféré à Amédée VIII, en 1416, par l'empereur Sigismond, et enfin sous celui de rois, depuis Victor-Amédée Ier, qui monta sur le trône en 1675, jusqu'à Victor-Emmanuel.

La Savoie fut incorporée à la France pendant vingt-deux ans, de 1793 à 1815. Elle formait alors le département du Mont-Blanc et une partie de celui du Léman. Les traités de cette dernière époque la rendirent à Victor-Amédée V, dont le royaume s'accrut de l'important territoire de l'ancien duché de Gênes.

Au moment de l'annexion à la France en 1860, la Savoie formait une des divisions militaires du royaume de Sardaigne, et se subdivisait en sept provinces : Savoie propre, Génevois, Faucigny, Chablais, Haute-Savoie, Maurienne et Tarentaise, administrées par sept intendants qui relevaient d'un intendant général, résidant à Chambéry, avec un gouverneur commandant général de la province.

Aujourd'hui elle forme deux départements : celui de la Savoie, chef-lieu Chambéry, et celui de la Haute-Savoie, chef-lieu Annecy.

Les hommes célèbres de la Savoie sont : Claude de Seyssel, historien de Louis XII, saint François de Salles, Bernard de Menthon, Vaugelas, Ducis, Berthollet, Joseph et Xavier de Maistre, l'abbé de Saint-Réal, Michaud, de Bullet, Lange, Costa. Elle a fourni trois papes et plusieurs généraux, entre autres le général Desaix.

« La Savoie, a dit M. Ad. Joanne, est une contrée privilégiée : elle possède la plus haute montagne et les plus beaux glaciers de l'Europe ; ses paysages n'ont pas de rivaux en France ; elle a été immortalisée par de Saussure, par Jean-Jacques Rousseau et par Lamartine. Pourtant, si elle est aussi connue que la Suisse, elle est bien moins visitée. C'est un peu sa faute. Jusqu'à ces dernières années, Chamonix excepté, elle n'avait rien fait pour attirer et retenir les touristes. De grands progrès ont été accomplis déjà depuis l'annexion ; le mouvement est enfin donné : espérons qu'il ne s'arrêtera plus, et, en attendant les améliorations promises, constatons les efforts tentés de tous côtés pour rendre désormais, dans toute la Savoie, les excursions alpestres non-seulement faciles, mais attrayantes. Les vieilles auberges se purifient, de nouveaux hôtels se construisent, des routes s'ouvrent, des guides se forment, des patriotes dévoués et intelligents s'associent pour faire admirer aux étrangers des merveilles qu'il n'avait encore été permis à aucun œil humain de contempler. »

V. Hugo dit de la Savoie : « Qu'elle est la grâce alpestre, » et le mot est aussi charmant qu'il est juste.

Pour nous en tenir au sujet spécial de ce livre, ajoutons qu'aucun pays au monde n'est plus richement doté sous le rapport de l'abondance et de la variété des sources thermales et minérales. On en compte une quarantaine, dont neuf sont chaudes. Elles ne sont pas toutes exploitées.

Dans la seule vallée d'Aix, qui nous occupe particulièrement, se trouvent rassemblées les eaux sulfureuses, iodo-bromurées de Marlioz ; les eaux alcalines-magnésiennes et azotées de Saint-Simon ; les eaux ferrugineuses de la Bauche, de Grésy, de Lamotte-Servolex ; les eaux de Challes, de toutes les eaux sulfureuses connues les plus puissantes ; — à quelques heures d'Aix, les eaux salines de Moûtiers et purgatives de Brides, etc.

Géologie. — La vallée d'Aix est formée par le terrain néocomien, reposant sur le terrain jurassique, et recouvert par la mollasse.

Toutes les montagnes environnantes sont de calcaire compacte, appartenant à la formation des terrains crétacés, laquelle constitue la majeure partie des chaînes des contre-forts des Alpes, sur la rive gauche du Rhône, et recouvre les couches les plus récentes du système jurassique.

Les coquilles qu'on y rencontre le plus communément sont : des ammonites, des bélemnites, des échinites, des térébratules, des baculites, des gryphites, etc.

— Sur la montagne de Beauregard, ces débris fossiles sont siliceux, à cassure conchoïde, et enveloppés d'une gangue calcaire.

Le coteau de Tresserve, qui s'élève au centre de la vallée, appartient aux étages supérieurs de la formation tertiaire ; il se compose de grès tendre ou *mollasse*. Les grains examinés à la loupe semblent être de quartz hyalin, de granit, de mica, de diabase et d'amphibole.

— La plupart des cailloux qu'on rencontre dans la plaine sont granitiques ; les autres sont formés de quartz, gneiss, siénite, diabase, amphibole, feldspath, alumine et mica. Ils sont tous arrondis. — Leur formation et leur descente doivent être rapportées, selon toutes probabilités, à la dernière époque des soulèvements auxquels les Alpes occidentales sont redevables de leur configuration actuelle, d'après le système de M. Élie de Beaumont.

Climat. — M. de Verneilh s'exprime ainsi dans la statistique générale de la France, 1807 :

« L'étonnante variété des expositions et des sites permet, dans certaines vallées, notamment à Chambéry, de faire usage pendant longtemps des fruits printaniers, dont la jouissance dans les pays de plaine n'est que momentanée ou passagère ; la fraise, par exemple, y dure près de six mois. — On peut joindre les productions du printemps à celles de l'automne, et réunir sur la même table les fraises, les cerises et les raisins. »

La vigne croît jusqu'à la hauteur de 600 mètres si l'exposition est favorable ; les châtaigniers et les noyers à 900, les cerisiers à 930, les noisetiers à 1,100 ; le chêne supporte un climat plus rigoureux, il croît à 1,200 mètres, et l'orme ainsi que le frêne arrivent jusqu'à 1,300 mètres. — La température moyenne est de 10°.

Mœurs. — Les mœurs ont peu changé depuis que M. de Verneilh était préfet du département du Mont-Blanc.

C'est à son *Rapport,* formant un des volumes de la statistique générale de la France, que devront recourir les lecteurs désireux de savoir comment les fonctionnaires du premier empire jugeaient les populations savoisiennes. Les traits principaux, les habitudes caractéristiques frappent d'ailleurs les étrangers les moins observateurs, dès les premiers instants de leur séjour dans le pays. L'accueil est partout hospitalier, affable et cordial ; l'accent doucement musical ; la physionomie conserve « cet air de bonté, de candeur et de franchise, qui concilia de tout temps aux Savoisiens la confiance et l'affection des étrangers. » (De Palluel.) « Presque partout, dit M. de Verneilh, les femmes de Savoie ont la poitrine large, les dents belles et bien rangées. »

Daquin avait déjà dit dans sa topographie médicale : « Il est peu de pays où les femmes puissent mieux allaiter leurs enfants. »

Les attentats à la propriété y sont rares : les habitations rurales restent, pour ainsi dire, ouvertes à tout venant ; les terres n'ont pas de clôture, les fenêtres pas de barreaux ; — les attentats contre les personnes y sont plus rares encore : l'échafaud ne s'est pas élevé une seule fois depuis l'annexion, dans les nouveaux départements.

Les rixes sont à peu près inconnues dans la vallée d'Aix, et, malgré les très-nombreux cabarets que fréquentent assidûment les gens du peuple, les disputes y sont extrêmement rares.

Arrivée à Aix.

— Supposant que les personnes qui viennent pour la première fois à Aix, y sont amenées par les trains du matin, voici ce que nous leur conseillons de faire : Vérifier avant de sortir de la gare si l'on a son bulletin de bagages, et le conserver avec soin; confier ses menus bagages (sac de nuit, couverture de voyage, etc.), à l'un des facteurs et s'en aller les mains vides; on échappe ainsi aux sollicitations parfois obstinées et gênantes des maîtres et garçons d'hôtels, des conducteurs d'omnibus, en un mot, de tous les *pisteurs* pour employer l'expression consacrée. Déjeuner au buffet, ou, sans répondre à aucune question, monter dans le premier omnibus aperçu, et se laisser conduire à la table d'hôte de l'hôtel auquel appartient la voiture.

Il est préférable de s'en aller à pied; on voit mieux, et l'on est plus libre.

En face de la *sortie,* est une large avenue droite qui monte à la ville; en bas, à gauche, café Dugy; en haut, *Chalet,* tenu par Chiron; quelques pas plus loin, le *Grand-Hôtel,* tenu par Guibert. En prenant la seconde rue à gauche, au bout de l'avenue, on arrive, en un instant, sur la place Centrale : *hôtel Guilland* (poste), tenu par madame Helme; café Dardel et café Bolliet.

Si, au lieu de s'engager dans l'avenue, on traverse obliquement à gauche la place qui est devant la gare, on trouve le *Café de la Gare,* sous les arbres de l'allée Marie.

Au bout de cette allée, est la rue des Soupirs; on tourne à droite, et l'on voit bientôt à droite la *Villa des Fleurs,* naguère construite et habitée par M. Bias, fermier des anciens jeux, actuellement dépendance du Grand-Hôtel de l'Europe et du Globe, tenu par M. Bernascon. Un peu plus haut, à gauche, Hôtel de la Paix, Hôtel du Chemin de fer, au coin de la rue du Temple anglican ; à l'autre coin de la même rue, *Chalet Cochet.* L'extrémité supérieure de la rue des Soupirs est bordée à gauche par les murs de l'Hôtel *Venat*; à droite, par les jardins de l'Hôtel de l'Europe.

Après déjeûner, on se mettra en quête d'un logement et on en trouvera bientôt un comme on le désire. Toutes les maisons d'Aix et des environs, — sauf trois au plus, reçoivent des hôtes pendant la saison des bains. On peut donc frapper hardiment à toutes les portes. Les distances ne sont pas à considérer dans une ville qui tiendrait tout entière, ou peu s'en faut, sur la place de la Concorde, à Paris, ou sur la place Bellecour, à Lyon. — On est toujours assez près de l'établissement, dont les porteurs, ainsi que nous le dirons plus loin, viennent vous chercher en palanquin, si besoin est, et vous ramènent à domicile, pour un prix uniforme.

CHAPITRE II

La ville.

Connue de toute antiquité, elle portait, sous les Romains, les noms d'*Aquæ, Aquæ Allobrogum, Aquæ Domitianæ, Aquæ Gratianæ.* Une inscription, trouvée par Pingon en 1566, démontre que les habitants se nommaient *Aquenses*.

Elle disparait momentanément de l'histoire à la chute de l'empire. Les Barbares qui couvrirent de ruines l'ancien monde romain, les chrétiens qui détruisirent partout les monuments du paganisme, les nombreux incendies qui, à diverses reprises, dévastèrent la ville, toutes ces causes suffisent à expliquer la disparition des thermes de Gratien et l'oubli qui les ensevelit si longtemps.

Au XIe siècle, la ville d'Aix est remise en lumière par un acte auquel se rattache l'origine de la maison de Savoie. Guichenon raconte que le 5 des ides de mai, de l'an 1000, à Aix, Rodolphe, roi de Bourgogne, céda à Bérold de Saxe, lieutenant-général de son royaume et vice-roi d'Arles, le comté de Savoie et celui de Maurienne, en récompense de sa fidélité.

Elle faisait, au commencement de ce siècle, partie du département du Mont-Blanc. Aujourd'hui, c'est un chef-lieu de canton du département de la Savoie, arrondissement de Chambéry. Elle comptait 4,182 habitants au recensement de 1872.

Située sur les flancs d'une riante colline, au pied de hautes montagnes calcaires (les Beauges) qui s'élèvent à l'est, son altitude est de 272 mètres, et elle domine de 32 mètres le lac du Bourget dont la séparent, à l'ouest, de vastes prairies et la colline de Tresserve.

A 3 lieues de Chambéry, 12 de Genève, 14 de Grenoble, 20 de Lyon, 40 de Turin, elle offre un point de rendez-vous facile aux malades et aux étrangers.

Elle jouit d'un climat doux et tempéré ; l'air y est si pur et l'eau si bonne, que le crétinisme et le goître proprement dit y sont rares.

Le docteur Cabias assure même que, en 1564, lorsque la peste étendait ses ravages dans les pays environnants, Aix fut préservée du fléau, et la tradition est d'accord avec lui.

« La première impression que l'on éprouve, dit M. Ordinaire, en entrant dans la vallée, est une profonde admiration à la vue de ces deux majestueuses montagnes, le Nivolet et le mont du Chat, dont la position topographique, au levant et au couchant, fait que l'une est constamment éclairée, tandis que l'autre projette des ombres gigantesques dans la plaine. Ces deux monts si imposants dominent le lac du Bourget, les riantes collines de Tresserve, de Mouxy, de Saint-Innocent, et celle sur laquelle se groupe la ville, etc. »

Complétement détruite, au XIII° siècle, par un incendie et bientôt reconstruite, elle fut érigée en baronnie par les ducs de Savoie. Au XVI° siècle, devenue marquisat, elle vit s'élever le château, dont une partie est encore debout. Là sont installés, depuis 1868, les services publics de la municipalité : mairie, justice de paix, commissariat de police, poste aux lettres, musée et bibliothèque.

L'ancien cercle des étrangers y a été installé de 1824 à 1849.

Ce château, où l'on voit encore un escalier Renaissance assez curieux, quoique d'un style trop lourd et d'une construction trop surbaissée, a été vendu à la ville, en 1865, avec le parc qui en dépend, moyennant une somme d'environ 600,000 francs, par le marquis d'Aix-Sommarivaz. Une partie des constructions a été abattue.

Le parc a été remanié en 1869 pour former la promenade publique actuelle. A la même époque, les maisons qui fermaient la place de l'établissement, au midi, ont été rasées, de façon qu'on put prolonger la promenade jusqu'à l'établissement même, d'où l'on voit maintenant la colline dite de Biollay, et les montagnes du fond de la vallée.

Logement, nourriture.

On peut choisir entre :

1° Les *hôtels* dont les prix varient de 7 à 15 fr. par jour, selon l'importance de la maison, la grandeur et l'ameublement de la chambre, l'étage, le moment de la saison, etc. ;

2° Les *pensions*, de 7 à 10 fr. par jour, table d'hôte matin et soir ;

3° Les *maisons particulières*, 2 fr. 50 à 6 fr. par lit, plus 0,60 cent. de service par jour. Quelques propriétaires donnent à manger, d'autres mettent une cuisine à la disposition de leurs locataires. Enfin dans les maisons, peu nombreuses, où il n'y a ni cuisine commune ni particulière, on peut, si l'on ne préfère aller vivre à la pension ou à l'hôtel voisins, se faire apporter à manger chez soi, moyennant 4 à 5 fr. par jour.

Les dames devraient adopter ce dernier arrangement. En ne se faisant servir que le dîner, elles auraient de quoi déjeûner le lendemain matin, avec la desserte, additionnée de fruits achetés par la domestique de la maison, de café ou de chocolat qu'on fera toujours très-volontiers pour elles, quelle que soit la maison où elles seront logées.

En général, les hôtels d'Aix ressemblent à ceux de tous les pays et ne possèdent qu'un mobilier sommaire et très-simple. Les personnes qui viennent en Savoie pour leur santé ou leur plaisir, ne s'attendent pas à y trouver tout le *capitonné* de l'appartement qu'elles quittent; on reste peu chez soi dans un pays admirable, où tout chemin est une promenade charmante. Pourvu que le lit soit bon et propre, on ne regarde pas trop au reste.

Or, les maisons les plus modestes sont, à Aix, d'une propreté irréprochable, et l'on y prodigue le linge blanc.

Voici, par ordre alphabétique, les trois catégories d'habitations à l'usage des étrangers. Nous n'indiquons pas les numéros, parce que les unes et les autres sont également connues, également faciles à trouver, et parce qu'il n'existe à Aix qu'un numérotage général et qui n'est point divisé par rues. Dans une petite rue, composée de dix maisons, celles-ci peuvent porter les numéros 350 à 360 par exemple.

Hôtels.

Ambassadeurs, rue du Casino.
Angleterre (d'), avenue des Soupirs.

Arc Romain, place de l'établissement.
Bains, rues du Casino et de Genève.
Bellevue, rue de Chambéry.
Chateau Durieux, chemin des Côtes.
Chemin de fer, rues des Soupirs et du Temple.
Commerce, rue de l'Église.
Couronne, rue de Chambéry.
Damesin, rue de Chambéry.
Durand, rue de Genève.
Écu de Genève, rue de Genève.
Europe (le Globe), rue du Casino.
Folliet, rue des Écoles.
France, rue des Bains.
Gaillard, rue de Genève.
Garin, rue de Genève.
Globe (Europe), rue du Casino.
Grand Hôtel d'Aix, rue du Casino (ex-impérial).
Italie, rue des Écoles.
Lyon, rue de Chambéry.
Nord, rues de Chambéry et du Casino.
Paix, rue des Soupirs.
Parc, rue de Chambéry.
Princes, rue de Chambéry.
Robin, rues du Casino et de Genève.
Suchet, rue de Chambéry.
Tony et de Paris, place du Dauphin.
Univers, rue du Casino.
Venat, — —
Victoria, rue de Genève.

Pensions.

Bocquin (Gabriel), rue de Chambéry.
Bocquin (Joseph), rue des Écoles.
Bocquin (Michel), rue de Chambéry.
Bossut, rue des Écoles.
Broisin, rue des Bains
Burdet, rue de Mouxy.
Chabert, place des Bains romains.
Dussuel, — —
Folliet, rue des Écoles.
Forestier, place de l'Établissement.
Gaimoz, rue des Écoles.
Guichard, rue de Genève.
Maniglier, rue des Écoles.
Padey, fils, rue de Mouxy.
Yvroux, rue du Temple.
Simonet, rue de Chambéry.
Burel, rue des Écoles.

Maisons particulières.

MM. *Bertier,* rue de Chambéry (avec cuisine).
Bimet, rue de Genève (cuisine).
Blanc (D^r), — —
Blondin, rue des Écoles.
Bocquin (Pharm.), place Centrale.
Bolliet (café), — —
Bolliet (Henri), — —
Bonnet, rue de Genève (cuisine).

MM. *Chaboud,* place Centrale.
Chiron, rue de Chambéry (cuisine).
Chiron, avenue de la Gare.
Cochet, dit Bertin, rue des Soupirs.
Cochet (Vve), rue de Genève.
Coulloux, rue de Genève.
Coulon, rue des Écoles.
Curtelin, place Centrale.
Dardel (café), place Centrale.
Dégallion (Vve), à côté des Bains.
Dégallion, rue de Mouxy.
Domenget, place Centrale.
Domenget (Ernest), rue du Dauphin (cuisine).
Dronchat, rue du Dauphin (cuisine).
Duvernay (pharmacien), rue de Genève.
Duvernay, place Centrale.
Exertier, rue de Mouxy.
Folliet (fils), rue des Écoles.
Forestier (D^r), place Centrale.
Gache, rue des Écoles.
Gaillard (D^r), place Centrale.
Grobert, rue des Soupirs.
Guichard, place de l'Établissement
Guilland (D^r), rue des Écoles.
Jarrier, rue des Écoles.
Lubini, chemin des Côtes (cuisine).
Mathiez frères, rue de Genève (cuisine).
Monard, rue de l'Église.
Pacotte (D^r), rue du Casino.
Perret, rue du Dauphin.
Pichon (pharm.), place de l'Établissement.

MM. *Piquet*, rue des Bains.
Rivollier, place Centrale.
Rivollier, rue des Bains.
Rouph de Varicourt, rue de Mouxy.
Sonnaz, rue de Chambéry.
Vidal (négoc.), place Centrale.
Vidal, rue des Écoles.
Yvroux, Thomas et Thérèse, place des Bains romains.

Aux environs de la ville, on trouvera des chambres, des appartements, des chalets ou des maisons à louer :

Dans le parc de Marlioz, soit au château, soit au chalet-restaurant, soit à la métairie. Résidence salubre et charmante. Toutes les demi-heures, des omnibus font le trajet entre Aix et Marlioz, et sont à la disposition gratuite des locataires.

A Tresserve, soit sur la hauteur, en vue du lac, soit au pied de la colline, du côté de la vallée : villa Gonnin, villa des Lilas, etc.

A Saint-Simon, chez Mermey, restaurateur, au *rendez-vous des Chasseurs*; chez M. Caillet, propriétaire de la source alcaline magnésienne, dite de Saint-Simon.

A l'Est de la ville, sur le chemin des Massonnats, belle propriété de M. François, maison et parc, chevaux et voitures de maître, etc.

Médecins.

La nourriture et le logement assurés, il faut aller

voir le médecin a qui l'on a été adressé, si, toutefois, on n'a pas commencé par là.

Nous donnons, par ordre alphabétique, les noms de MM. les docteurs qui résident à Aix, la plupart pendant l'été seulement :

Blanc, d'Aix, rue de Genève, reçu en 1866.
Bertier, — rue de l'Église, 1844.
Bertier fils, place Centrale.
Brachet, rue de Chambéry, 1864.
Demeaux, avenue de Tresserve.
Davat, rue des Bains, 1834.
Guilland (Louis), rue des Écoles, 1842.
Legrand (Maximin), rue du Temple, 1848.
Macé, avenue de la Gare.
Pacotte, rue du Casino.
Petit, rue de Chambéry, 1867.
Vidal, place de l'Établissement, 1843.

Pharmaciens.

MM. *Bocquin*, place Centrale.
    Duvernay, rue de Genève.
    Pichon, place de l'Établissement.

Sages-femmes.

Mmes *Gandet*, rue de l'Ancien Cimetière.
    Varcin, rue de Mouxy.

Gardes-malades.

Mmes Vve *Rey*, rue des Écoles.
Caroline Durand, rue de Chambéry.
Mariette Fenoux, rue de Mouxy.

Quand on a vu son médecin, on va d'ordinaire à l'établissement, on s'inquiète de l'heure du départ des courriers, et l'on visite les curiosités de la ville. Nous renvoyons aux chapitres suivants ce qui est relatif à l'établissement et au service des bains. Nous allons épuiser tout de suite ce qui concerne la ville.

Poste aux lettres.

— Les bureaux, situés dans l'ancien château d'Aix, sont ouverts au public de 7 h. du matin à 7 h. du soir, du 15 juin au 15 septembre, et de 7 h. du matin à midi et de 2 h. à 7 h. du soir, du 15 septembre au 15 juin.

Les courriers des lignes de Lyon et de Paris arrivent l'un à 10 h. du matin, à Aix, et les lettres sont distribuées avant midi ; l'autre à 1 h. du matin, et les lettres sont distribuées le lendemain matin à 8 h.

Les heures de départ varient chaque année, en raison de la différence dans le mouvement des trains. On ne peut que les indiquer approximativement à 4 ou 5 heures du soir

Courrier d'Italie.

Arrivée à 8 h. 10 m. du matin.
Départ à 8 h. 15 m. du soir.

Courrier de Suisse.

Arrivée à 10 h. 30 m. du soir.
Départ à 7 h. 10 m. du matin.

Télégraphie électrique.

Les bureaux, rue de Chambéry, vis-à-vis la promenade du parc, sont ouverts de 8 h. du matin à 9 h. du soir.

Le prix d'une dépêche est de :

	Francs.	Cent.
Pour le département................	0	60
— toute la France et la Corse.......	1	40
— l'Algérie et la Tunisie...........	4	40
— l'Italie.....................	4	»
— les États Romains.............	4	»
— la Suisse...................	3	»
— l'Angleterre :		
Londres et les îles de la Manche........	4	»
Les autres villes anglaises............	6	»
Espagne......................	4	»
Portugal......................	5	»
Autriche, Mecklembourg............	6	»
Grand-duché de Bade, Bavière........	3	»
Belgique, Luxembourg.............	3	»
Pour la Prusse :		
A l'Ouest du Weser et de la Werra.....	3	»
Prusse à l'est...................	4	»
Suède........................	8	50
Norwége......................	9	»

	Francs.	Cent.
Russie d'Europe	11	»
Région du Caucase	14	»
Russie d'Asie (3 régions). 19 fr. 27 fr. et	43	»
Grèce et Turquie d'Europe	10	»

Moyens de transport.

Chemins de fer. — Tous les jours, plusieurs trains partent d'Aix dans la direction de l'Italie, de la Suisse, de Lyon, de Mâcon, de Paris et d'Annecy.

Il est délivré, à la gare, des billets d'aller et retour, à prix réduits, valables pendant un jour pour Chambéry. Les voyageurs porteurs de ces billets ne sont pas admis dans les trains express.

Bateaux à vapeur. — Départ d'Aix pour Lyon, par le lac et le Rhône, à 8 h. du matin, lundi, mercredi, vendredi. Trajet en 8 heures. Bureau, place Centrale.

Départ de Lyon pour Aix à 5 h. du matin, mardi, jeudi, samedi. Trajet en 13 heures. Bureau, quai Saint-Clair.

Chevaux, voitures et chars. — Les principaux hôtels font station nerdevant la gare, à l'arrivée de tous les trains, des omnibus ou des voitures qui portent leurs noms. Les uns et les autres peuvent être mis à la disposition des étrangers pour des promenades ou des excursions. On trouve également des voitures à volonté chez :

MM. Exertier, Dullin, Bernard, Journet dit Cortiby, Pierre Carraz, Claude Carraz, rue de Chambéry, Chetal, rue des Soupirs, Grosdaillon, Lansard (Vve),

Davat frères, Rabut, Myon, Murguet François, Murguet fils.

Enfin, sur la place Centrale et dans la rue du Casino, stationnent constamment des voitures de place.

Chevaux de selle, chez Ours, rue de Genève, à prix débattus.

Nous extrayons de l'arrêté de police relatif aux voitures, les articles qu'il importe de connaître :

Les voitures ne pourront être mises en circulation qu'autant qu'elles seront en parfait état de propreté.

Les harnais et les objets accessoires devront être confectionnés solidement et tenus constamment en bon état.

Il est défendu aux entrepreneurs d'employer des chevaux entiers, vicieux, atteints de maladie ou d'infirmités, qui les mettent hors d'état de faire leur service.

Toute voiture de louage devra être munie d'une machine à enrayer, agissant sur les roues de derrière, et disposée de manière à ce que le cocher puisse la faire fonctionner sans descendre de son siége.

Chaque cocher devra toujours être porteur :

1º D'un exemplaire du présent arrêté, qu'il communiquera aux voyageurs qui le demanderont ;

2º De son permis de conduire.

Les cochers devront, autant que possible, faciliter l'entrée des voyageurs dans leurs voitures, ainsi que leur descente.

Ils auront soin d'ouvrir et de fermer les portières.

Toute impolitesse, tout acte de grossièreté de la part des cochers envers le public seront sévèrement réprimés.

Il est défendu aux cochers :

1º De lutter de vitesse entre eux, de faire galoper leurs

chevaux, de les frapper avec le manche de leur fouet, et de les maltraiter d'aucune manière ;

2º De laver leur voiture, soit sur les places de stationnement, soit sur un autre point de la voie publique, après six heures du matin ;

3º De quitter leurs voitures, lorsqu'elles attendent à la porte des particuliers ou à l'entrée d'un établissement public ;

4º De fumer lorsqu'il y aura des voyageurs dans leurs voitures ;

5º D'offrir, par paroles ou par gestes, leurs voitures au public, de raccoler les passants, de parcourir la voie publique au pas, ou de faire exécuter à leur voiture un va-et-vient continuel, dans le but de faire comprendre qu'ils sont à la disposition du public, tous actes constituant la maraude, qui leur est formellement interdite.

Ils seront tenus de marcher à toute réquisition, quel que soit le rang que leur voiture occupe sur la station.

Tarif pour le territoire du canton d'Aix.

Aucun voiturier ou cocher ne pourra être contraint de marcher pour un des points du canton d'Aix, qu'autant qu'il sera pris à l'heure.

Lorsqu'un voyageur demandera à être transporté hors du canton, le prix de cette course devra être réglé de gré à gré, et, à défaut du règlement préalable entre le voyageur et le cocher, la course sera payée à l'heure.

Le tarif des prix à l'heure, pour les courses des voitures de louage, est fixé comme il suit :

Voiture à 2 chevaux : l'heure . . . . . 4 fr.
Voiture à 1 cheval : l'heure. . . . . 3 fr.

Dans le cas où les personnes transportées ne reviendraient pas à Aix avec la même voiture, il sera payé pour le retour une somme égale à celle qui sera due pour le temps employé jusqu'au point où la voiture sera laissée, sans que cependant le prix total puisse être inférieur au prix d'une heure,

Après 10 heures du soir, les prix fixés ci-dessus seront augmentés de moitié.

Si un cocher, retenu pour aller chercher quelqu'un à domicile ou dans un lieu public, est renvoyé sans y être employé, il recevra à titre d'indemnité de déplacement :

Pour une voiture à deux chevaux . . 2 fr. »
Pour une voiture à un cheval . . . 2 fr. 50

Lorsqu'un cocher aura été retenu pour aller charger à domicile et marcher à l'heure, le prix de l'heure lui sera dû à partir de son arrivée à la porte des voyageurs.

Le prix de la première heure sera toujours dû intégralement, lors même que le voyageur n'aura pas employé l'heure entière. A compter de la deuxième heure inclusivement, le prix à payer sera calculé suivant l'espace de temps pendant lequel la voiture aura été occupée, et par fraction de demi-heure.

Les cochers seront tenus de faire marcher leurs chevaux à raison de huit kilomètres au moins à l'heure, sur tous les points du canton, à l'exception de Mouxy, Trévignin, Pugny et Tresserve, où la vitesse minimum sera réduite à cinq kilomètres.

Voitures faisant le service de la gare.

Les voitures de louage qui stationnent à la gare du chemin de fer seront toutes considérées comme omnibus faisant le service de la gare à la ville, et de la ville à la gare.

Le prix des places de ces voitures est fixé comme il suit :

Par personne. . . . . 75 c.
Par colis au-dessus de 20 kilogrammes. . 50 c.

Les colis au-dessous de 20 kilogrammes seront transportés sans frais.

Toute voiture-omnibus retenue devra marcher au plus tard après 8 minutes d'attente, à compter de l'arrivée du train avec lequel elle correspond, quel que soit le nombre de voyageurs à transporter.

Les voitures-omnibus, à destination déterminée, s'arrêteront devant la porte de l'établissement qu'elles desservent.

Les voitures-omnibus, sans destination déterminée, transporteront les voyageurs jusqu'au point que ceux-ci auront désigné en montant en voiture, sur l'interrogation du cocher, sous la réserve toutefois que ce point se trouvera en dedans des limites de l'octroi.

Dans aucune circonstance, il ne pourra être exigé par les cochers un prix supérieur à ceux fixés par le présent tarif.

Les cochers ne pourront plus exiger de pourboires.

Il devra toujours y avoir dans chaque voiture un exemplaire du présent arrêté.

Le cocher devra représenter cet arrêté à toute réquisition des personnes qui voudront faire usage de sa voiture.

Il y aura constamment dans l'intérieur des voitures de louage un tarif indiquant le prix de l'heure.

Ce tarif sera affiché sur le côté gauche de la voiture, et de manière à ce que le voyageur puisse facilement le consulter.

Anes.

— On se sert beaucoup à Aix de ces animaux modestes et patients pour les promenades aux environs. Ils stationnent rue de Genève, au-dessous de l'hôtel Victoria, près l'avenue du Gigot.

Voici les principales dispositions contenues dans le

règlement de Police auquel sont soumis leurs propriétaires :

Chaque âne mis en location devra être solidement harnaché, de manière à présenter toutes les conditions de sécurité, de commodité et de propreté convenables.

L'emploi d'ânes vicieux ou atteints de maladies ou d'infirmités est interdit.

Tout acte d'impolitesse, toute grossièreté de la part des âniers envers le public seront sévèrement réprimés.

Nul ne pourra conduire en état d'ivresse.

Les pères, maris et maîtres sont responsables du fait de leurs enfants, femmes et domestiques.

Chaque âne portera sur le frontal de sa bride un numéro de police qui devra toujours être apparent.

Chaque loueur ou conducteur devra toujours porter avec lui :

1° Un exemplaire du présent arrêté, qu'il sera tenu de communiquer aux personnes qui l'exigeront ;

2° L'autorisation de conduire.

Il est expressément défendu aux conducteurs de faire trotter ou galoper leurs ânes dans la ville, de gêner la circulation sur les trottoirs ou dans les rues en se réunissant en groupes, et de troubler la tranquillité publique par des cris, des rixes ou disputes.

Ils s'abstiendront de faire claquer leurs fouets ou de les agiter de manière à atteindre les passants.

Dans l'intérieur de la ville, ils devront se tenir constamment en tête de leur monture, et ne pourront, sous aucun prétexte, les abandonner sur la voie publique.

Les ânes affectés au service des promeneurs ne devront pas stationner dans les rues. Ils seront tous attachés dans un lieu désigné par l'autorité locale, et n'en sortiront que pour faire une course ou pour être reconduits à l'écurie.

Les loueurs ou conducteurs devront marcher à toute réquisition, quel que soit le rang qu'occupent les ânes à la station.

Le tarif des courses à ânes est fixé comme suit :

1º A l'heure (chaque heure indifféremment). . . 1 fr.
2º A la demi-journée. . . . . 4 fr.
3º A la journée. . . . . 7 fr.

Toute heure commencée sera payée intégralement si elle est commencée depuis plus de trente minutes. — Au-dessous de 30 minutes on ne pourra exiger que 50 centimes.

Est considérée comme une demi-journée l'occupation de la monture pendant plus de cinq heures et moins de six.

Est considérée comme journée entière l'occupation de la monture pendant plus de neuf heures et moins de dix.

Toute occupation de la monture en sus des laps de temps désignés comme demi-journée sera payée à l'heure.

Lorsqu'un loueur ou conducteur aura été retenu pour aller prendre une personne à domicile, le prix de la course lui sera dû à partir de son arrivée à la porte du promeneur.

Lorsque le promeneur renverra sa monture après être arrivé à destination, le retour sera payé au conducteur à raison du temps nécessaire pour se rendre du point de départ à celui d'arrivée.

M. le Commissaire spécial de police d'Aix-les-Bains et les Agents de l'autorité sont chargés de l'exécution du présent.

Bateaux destinés aux promenades sur le lac du Bourget.

Dans chaque bateau admis au service des promeneurs sera fixé un écusson, sur lequel seront inscrits :

1º Le numéro de police ;

2º Le nombre des places, qui ne pourra être supérieur à huit non compris les bateliers ;

3º Le nom et la demeure du batelier-propriétaire ;

4º Le tarif dont il sera parlé ci-après.

Le numéro de police sera reproduit sur le bateau, à l'arrière et sur les côtés, en chiffres arabes peints en couleur tranchant sur le fond.

Les conducteurs doivent être constamment porteurs de billets imprimés indiquant le numéro du bateau, le tarif ci-après, et portant en outre ces mots : « *Les per-* « *sonnes qui auraient des plaintes contre les conducteurs,* « *ou à réclamer des objets laissés dans le bateau, devront* « *s'adresser au bureau de police, à la mairie.* »

Le conducteur est tenu de remettre l'un de ces billets à toute personne qui aura loué un bateau, sans qu'elle le demande et avant l'entrée dans l'embarcation.

Les conducteurs de bateaux et les rameurs ne pourront exercer leur profession sans une permission écrite du Maire.

Ils devront, pour l'obtenir, justifier qu'ils sont âgés de 18 ans au moins et d'une bonne conduite.

Des dispenses d'âge pourront être accordées jusqu'à concurrence de 16 ans.

Tout acte d'impolitesse, toute grossièreté de la part des conducteurs et bateliers envers le public seront sévèrement punis.

Tout conducteur de bateau devra constamment être porteur et exhiber à toute réquisition des agents de l'autorité ou des personnes qui voudront l'employer :

1º Un exemplaire du présent arrêté ;

2º La permission qui lui aura été délivrée par le Maire, conformément à l'article ci-dessus.

Il est expressément défendu aux bateliers de se réunir en groupes sur la place ou sur le port, et de fatiguer les étrangers de leurs obsessions.

Les propriétaires ou conducteurs de bateaux sont tenus de conduire les promeneurs à toute réquisition.

Le prix à payer pour l'aller et le retour sur les points ci-après sont fixés ainsi qu'il suit, quel que soit le port ou lieu d'embarquement :

BATEAUX.

Bateaux à 2 bateliers, comprenant 6 places au plus.

Pour Hautecombe . . . . 9 fr.
— Bourdeau. . . . . 5 fr.
— Le Bourget. . . . . 8 fr.
— Brison-Saint-Innocent. . . . . 5 fr.
— Bon-Port. . . . . 4 fr.
— Châtillon et Savières . . . . . 14 fr.

Il est expressément défendu de dépasser le nombre de places déterminées pour chaque bateau,

Il est accordé aux promeneurs un séjour d'une heure dans les localités ci-dessus désignées, sans augmentation de prix, et tout séjour excédant la première heure sera payé à raison de 1 fr. 50 l'heure, les fractions d'heure comptées comme heures complètes.

Les courses ou promenades faites sur le lac sans but déterminé d'avance seront payées à l'heure, savoir :

Pour les bateaux à deux rameurs.

La première heure . . . . 3 fr.
La seconde heure. . . . . 2 fr. 50
Chaque heure suivante. . . . . . . 2 fr.

Dans ce règlement, des lacunes regrettables peuvent être signalées, ainsi que des incorrections que ne comporte pas un document émané de la mairie.

Il ne suffit pas « d'être âgé de 18 ans et d'une bonne conduite » pour que l'on vous confie la vie des passagers qui, tous les jours, traversent le lac. Le métier de batelier exige des qualités particulières et un assez long apprentissage que ne saurait remplacer la permission du maire, d'ailleurs incompétent. Qu'il sache dans quels cas il doit refuser cette permission, on le comprend. Mais comment saurait-il quand il doit l'accorder?

La chose est grave et vaut qu'on y réfléchisse. L'autorité municipale ne ferait-elle pas bien d'organiser les bateliers en syndicat, et d'imposer certains examens, certaines conditions (celle, entre autres, de savoir nager), à ceux qui en voudraient faire partie? Les membres de la corporation porteraient un signe distinctif qui les recommanderait aux étrangers ; — chaque bateau serait muni d'une bouée de sauvetage, etc., etc.

En attendant, il serait fort désirable que ce règlement, tel qu'il est, fût sévèrement appliqué, dans l'intérêt même des bateliers. Il est impossible de faire un pas dans la ville et hors de la ville, à quelque heure que ce soit, sans être fatigué par leurs obsessions qui, à elles seules, détournent un grand nombre d'étrangers de se livrer au plaisir d'une promenade sur l'eau. Un récent arrêté adjoint au maire une commission de 5 bateliers experts, et accorde à chaque batelier une ancre à la boutonnière comme signe distinctif.

Portefaix, crocheteurs.

Les crocheteurs seront responsables des effets confiés à leurs soins. Ils devront scrupuleusement les transporter dans les maisons ou hôtels qui leur seront indiqués.

Les crocheteurs devront porter d'une manière ostensible une plaque indiquant leur emploi.

Tout acte d'impolitesse, toute grossièreté, tout manque

d'égards, d'attention de la part des crocheteurs envers le public, sont sévèrement défendus.

Il est défendu à tout crocheteur en état d'ivresse d'exercer son emploi.

Le prix des transports est fixé comme suit pour tout le périmètre de l'octroi jusqu'à la gare, et vice-versâ, et les crocheteurs ne pourront, en aucun cas, exiger davantage.

    Par colis au-dessus de 25 kilogrammes 60 c.
    Par colis au-dessous de 25 kilogrammes 20 c.

Les crocheteurs devront exhiber, à toute réquisition des agents de l'autorité ou des personnes qui voudront les employer :

1º L'autorisation d'exercer qui leur aura été délivrée par le Maire ;

2º Un exemplaire du présent arrêté.

Librairie, papeterie, abonnement de lecture.

M. Bolliet (Henri), place Centrale, et rue du Casino.
Mlle Bolliet (Marie), rue de Chambéry.

Bibliothèque publique.

A la mairie.

Bibliothèque choisie.

Au Presbytère, à côté de l'Église.

Salon de lecture.

Revues, journaux français et étrangers, au Casino.

Articles de fantaisie.

MM. Bolliet (Henri), place Centrale.
Durand, rue des Bains.
Ronzière, rue de Chambéry.

Dépôt de gaze de Chambéry.
Tissus de poils de lapins angoras, de Saint-Innocent, etc. (Prix de fabrique.)

M. Domenget, place Centrale.

Banque d'Escompte et de recouvrement.

MM. Antonioz et Forest. — Succursale de la caisse commerciale de Chambéry. — Succursale du Crédit lyonnais.

Agents d'affaires.

MM. Cuisin, rue des Bains.
Dardel, rue du Casino.
Boisson, place Centrale.

Vins et liqueurs.

M. Gotheland, place Centrale.

Pianos à louer.

MM. Faendrick, Lajoue, accordeurs et marchands de musique à Chambéry. S'adresser aux libraires et aux hôtels.

Leçons de musique.

M. Molinassi, les artistes du Casino.

Tir à la carabine et au pistolet, artificiers.

M. Colombert, avenue des Rubattes.

Services religieux.

Il existe à Aix une église catholique (beaux vitraux gothiques dans le chœur), et un temple protestant, construit en 1869 par la société anglicane. Rue du Temple.

Théâtre.

Une salle rustique, placée en face de la Gare, dans l'avenue Marie et qu'a fait construire madame de Solms (maintenant Ratazzi), sert aux représentations des troupes de passage à Aix. Madame de Solms y a joué elle-même, bien des fois, en compagnie de Ponsard. Cette salle, très-simple, avec une seule loge de face, est agréablement disposée, et on pourrait y donner au profit des pauvres des bals qui remplaceraient, avec toutes sortes d'avantages, les quêtes faites aux tables d'hôtes et à domicile.

Casino.

Fondé en 1848, par une Société d'actionnaires, et

construit par feu M. Pellegrini fils, architecte de la ville de Chambéry.

Ouvert du 1ᵉʳ mai au 15 octobre; — on y est admis aux conditions suivantes :

Pour une personne	25 fr.
— mari et femme	45
— père ou mère avec un enfant au-dessous de douze ans.	45
— père et mère avec un enfant, non marié	55
— enfants au-dessous de douze ans	5
— entrée pour un jour, et par personne	3

A partir du mois de septembre, les prix sont modifiés comme il suit :

Une personne	15 fr.
Deux personnes	25
Une famille	35

Il renferme un petit salon pour les réunions des premiers et des derniers jours de la saison; une vaste salle de bal, terminée à l'une de ses extrémités par une glace gigantesque, s'ouvre aux danseurs les mardis, les jeudis et les dimanches, quand l'affluence des étrangers a rendu le petit salon insuffisant. Les autres jours, un excellent orchestre exécute des morceaux choisis soit dans la musique classique, soit dans les opéras anciens ou récents.

Une salle de lecture où sont reçues les principales publications périodiques de Londres, de Paris, de Lyon et de Marseille ;

Des salons de conversation ;

Un café avec billard et jeux divers ;

Une salle de jeu où, malheureusement, le baccarat retient trop tard les baigneurs ;

Un restaurant avec terrasse, où l'on peut prendre le café et fumer en vue des jardins du Casino et en face du splendide décor formé par la vallée, la colline de Tresserve, le mont du Chat et les glaciers de la Maurienne.

Ce restaurant est parfaitement tenu, et on ne peut que regretter que le public n'y ait pas un libre accès, tout au moins à certaines heures.

Antiquités romaines. — Curiosités.

Sur la place de l'Établissement, l'*Arc de Campanus*, d'ordre toscan et ionique, formait autrefois l'entrée principale des Thermes : il a 9 m. 16 de hauteur et 6 m. 71 de largeur.

La frise présente sur la face ouest, huit niches (*columbaria*) qui devaient contenir, soit des moulures en bronze ou des métopes, soit des urnes cinéraires ou les effigies des personnes dont les noms sont inscrits au-dessus.

Les inscriptions gravées sur l'attique et sur l'architrave forment autant de dédicaces en l'honneur de la famille Pompéia. Les voici avec leur traduction.

Sur l'attique :

POMPEIO CAMPANO AVO A PATRE
A Pompeius Campanus, grand'père paternel
CAIÆ SECVNDIN. AVÆ A PATRE
A Caia Secondina, grand'mère paternelle
POMPEIÆ MAXIMÆ SORORI
A Pompeia Maxima, sœur
POMPEIO CAMPANO FRATRI
A Pompeius Campanus, frère

Sur l'architrave :

D. VALERIO GRATO
A Decius Valerius Gratus
CAIO AGRICOLÆ
A Caius Agricola
POMPEIÆ L. SECVNDIN. AMITÆ
A Pompeia Lucia Secundina, tante
C. POMPEIO IVSTO PATRI ET PARENTIBVS
A Caius Pompeius Justus, père, et aux parents
VOLVNTILIÆ C. SENTIÆ AVÆ AMATÆ
A Voluntilia Caia Sentia, aïeule aimée
C. SENTIO IVSTO AVO AMATO
A Caius Sentius Justus, aïeul aimé
T. CANNVTO ATTICO PERPESSO
A Tertius Cannutus Atticus Perpessus
L. POMPEIO CAMPANO CAMPANI ET SENTIÆ FIL.
A Lucius Pompeius Campanus, fils de Campanus et de Sentia

Sous l'architrave :

L. POMPEIVS CAMPANVS VIVVS FECIT

Lucius Pompeius Campanus, de son vivant, fit ériger ce monument.

Selon la coutume des Romains, tout près des Thermes se trouve un temple (*Temple de Diane*), dans le jardin du Presbytère. Il est construit avec de gros quartiers de pierre régulièrement superposés, sans ciment. C'est le genre de construction connu sous le nom d'*isodomos,* pour le distinguer des constructions *pélasgiques* ou cyclopéennes, formées de polygones irréguliers.

Il est long de 13 mètres et enfoui au tiers de sa hauteur.

La plupart des médailles romaines trouvées à Aix sont des deux premiers siècles de l'ère chrétienne.

La maison Chabert, tenue actuellement par mademoiselle Chabert, petite-nièce du docteur Périer, a été habitée par Lamartine, et c'est là que se sont passées les premières scènes du livre intitulé : *Raphaël.*

La chambre dont la fenêtre donne sur la campagne, la treille, le jardin où Julie se réchauffait au soleil d'automne, sont toujours tels qu'ils ont été décrits par le poëte.

C'est aussi dans cette maison que Lamartine fit plus tard la connaissance de mademoiselle B., qu'il épousa.

Bains romains. Servent de cave à la pension Chabert. De forme octogone, entourés de gradins revêtus de marbre blanc, supportés par une centaine de piliers quadrangulaires, en briques, autour desquels règne un corridor où circulait l'eau d'alun.

Cette construction paraît avoir servi principalement de piscine. Elle a 15 mètres carrés de surface.

Le plafond du corridor est percé d'une multitude de petits conduits rectangulaires en terre cuite, communiquant entre eux, et ayant 12 centim. sur 5 centim. d'ouverture, et 1 m. 14 de hauteur.

Ils introduisaient la vapeur dans la portion supérieure de la piscine, disposition qui pourraient faire supposer que cette pièce était à la fois une étuve et un bain d'immersion. La plupart des larges briques de ce massif portent en relief le nom de *Clarianus* : c'était le fabricant.

Un *gnomon*, ou cadran antique, creusé en cône, dans un bloc de travertin.

Il est divisé en 12 parties égales par les lignes horaires. Ces lignes servaient pour toutes les saisons ; l'intervalle qui marquait les heures en hiver, était plus court que celui qui correspondait aux heures de l'été. L'ombre du style traçait cette différence par le plus ou le moins de longueur de sa projection. Aux extrémités supérieure et inférieure de la coquille formée par la surface concave du *gnomon*, se trouvent deux segments de cercle qui indiquent les deux termes annuels de la route du soleil ; un troisième, placé au centre, marque la ligne de l'équateur ou de l'équinoxe.

La galerie de captage d'une des sources thermales

constitue aussi une des curiosités de la ville. Nous en parlerons plus loin.

CHAPITRE III

Les eaux.

Elles sont classées parmi les eaux thermales, carbonatées calcaires, sulfureuses (monosulfhydriquées, du Dr Calloud).

Successivement appelées par les Romains *Aquæ Allobrogum, Aquæ Domitiæ, Aquæ Gratianæ,* elles se trouvaient alors sur un embranchement des grandes voies romaines qui traversaient les Alpes, entre Chambéry (Lemnicum) et Genève.

Elles émergent du terrain néocomien, groupe crétacé reposant sur le terrain jurassique et recouvert par la mollasse qui forme les collines environnantes.

Limpides, incolores, onctueuses au toucher, répandant une odeur hépatique, douées d'une saveur douce, point désagréable, elles ne déterminent que très-rarement des renvois nidoreux. Les canaux qui les amènent contiennent des dépôts d'une substance azotée analogue à la glairine. Lors des tremblements de terre de Lisbonne, de la Calabre, en 1783, et de la chaîne du Mont-Blanc en 1822, la source de soufre se refroidit subitement, se troubla et se couvrit d'une écume blanchâtre ; la source d'alun resta dans son état ordinaire. (Le Pileur et Joanne.) Ce fait paraît contredire l'opinion qui attribue une origine commune aux deux sources. Elles sourdent à une distance de 80 mètres environ l'une de l'autre.

L'une porte le nom d'eau de soufre, et l'autre d'eau d'alun. Ces désignations sont fort anciennes et remontent probablement à l'époque où l'on appelait *alun* le sulfate d'alumine, sel qui est un peu plus abondant dans cette dernière que dans l'eau de soufre. Aujourd'hui le nom d'alun ne s'applique qu'au sulfate double d'alumine et de potasse, et la source dite d'alun n'en contient pas plus que l'autre.

Les analyses faites en 1838 par M. Bonjean, de Chambéry, ont donné les résultats suivants :

Pour 1,000 grammes d'eau (1 litre).

	EAU de Soufre.	EAU d'Alun.
Azote.	0,032	0,080
Acide carbonique libre.	0,025	0,013
— sulfhydrique libre.	0,041	0,042
Oxygène.	»	0,018
Acide silicique.	0,005	0,004
Phosphate de Chaux.	0,002	0,002
Carbonate de Chaux	0,148	0,181
— de Magnésie.	0,025	0,019
Bicarbonate de Fer.	0,008	0,009
Sulfate de Soude	0,096	0,042
— de Chaux	0,016	0,015
— de Magnésie.	0,035	0,031
— d'Alumine.	0,054	0,062
Chlorure de Sodium	0,007	0,014
— de Magnésium	0,017	0,022

La température de l'eau de soufre est de 45 à 46 degrés centésimaux, indiquant une profondeur d'origine de 1,000 à 1,200 mètres ; celle de l'eau d'alun est plus élevée de 1 ou 2 degrés. Toutes deux s'abaissent de plusieurs degrés après les longues pluies.

Le principe sulfureux se trouve dans l'une et l'autre à l'état de gaz acide sulfhydrique libre et en quantité sensiblement égale. Toutes deux marquent 4 degrés au sulfhydromètre de Dupasquier.

Des analyses plus récentes faites par MM. O. Henry et Bonjean ont montré que la glairine et le brome sont en proportion un peu plus grande dans l'eau de soufre, tandis que l'alumine, le fer, et, paraît-il, l'iode sont plus abondants dans l'eau d'alun.

A titre de curiosité, nous transcrivons la première analyse qui en fut faite par le Dr Bonvoisin, de l'Académie des sciences de Turin, pendant le séjour que la cour de Piémont fit à Aix, en 1784.

Un volume d'eau de 28 litres pour chaque source a donné :

	EAU de Soufre.	EAU d'Alun.
Alkali minéral vitriolé ou sel de Glauber	9 grains	6 grains
Magnésie vitriolée ou sel cathartique.	19	6
Chaux vitriolée, ou sélénite	11	18
Sel marin à base magnésienne	4	4
Chaux aérée, ou spath calcaire.	30 1/2	32
Fer, environ	1	2
Parties extractives animales	Traces	Traces
Chaux muriatique ou sel marin calcaire	0	12

Selon la remarque de Gimbernat, chaque fois que la température de l'air descend à 10 ou 12 degrés centigrade au plus bas, il se forme, dans les bains de la source de soufre, des flocons gélatineux, matière analogue à celle que la chimie a trouvée dans les eaux sulfureuses des Pyrénées, principalement à Baréges, d'où vient le nom de Barégine. C'est la même substance que la glairine dont nous avons déjà parlé. Elle est encore nommée glairidine, zoïodine, sulfuraire, etc.

Tous les auteurs s'accordent à considérer ces eaux comme excitantes du système nerveux et de la circulation, comme toniques et reconstituantes, agissant principalement sur la peau et les muqueuses.

Nous parlerons plus loin des Eaux de Marlioz et de Saint-Simon qui peuvent, par leur proximité, être regardées comme des annexes et des compléments des Eaux d'Aix.

CHAPITRE IV

L'établissement.

Cabias écrivait en 1622 que ce fut un des proconsuls de Jules César, nommé Domitius, qui fit construire à Aix les premiers bains, après la victoire qu'il remporta sur les Allobroges, l'an 628 de Rome (125 ans av. J.-C.). Ces bains furent successivement restaurés et embellis par les préfets de la province romaine. Il n'en reste que bien peu de traces. On a trouvé par hasard sous la maison Chabert une piscine de petite dimension, et quelques menus objets

Arc de Campanus et établissement thermal, à Aix-les-Bains.

de ce temps-là, mais les constructions élevées par les vainqueurs des Gaules devaient être considérables et occuper une grande partie de l'emplacement actuel de la ville. L'arc de Campanus, encore debout, marquait probablement une des entrées des Bains.

Jusqu'à ce que des fouilles ou fortuites ou voulues aient été faites, nous ne saurons rien de positif à cet égard, les archives du pays ayant disparu dans les incendies qui, à diverses époques, ont détruit entièrement la ville.

Combien de temps, après ces désastres, les sources restèrent-elles privées d'établissement? On ne le sait pas non plus. A la fin du siècle dernier, il n'en existait d'aucune sorte. Des malades qui venaient à Aix, quelques-uns se baignaient sous une voûte irrégulière creusée dans le roc par la nature, à la source de soufre; la plupart se contentaient de boire l'eau puisée au lieu d'émergence, et prenaient des bains à domicile. Le docteur Daquin, qui publia, en 1773, une *Analyse des Eaux thermales d'Aix, en Savoie*, s'élève contre cette coutume, et il engage avec instance les malades à se baigner de préférence dans les bassins formés par les eaux à leur sortie de terre, bien que ces bassins soient à l'air libre, et que rien, pas même une tente, ne les protége ni contre les regards du public, ni contre la pluie ou le soleil. Un de ces bassins portait le nom de *bain royal*, depuis qu'au rapport de Cabias, Henri IV, passant par Aix, était descendu de cheval et s'y était baigné et lavé avec les seigneurs de sa suite. C'est là, du moins, ce qu'ont répété tous les auteurs qui ont écrit sur les thermes d'Aix. Mais Henri IV traversait la Savoie en 1600, à l'occasion de la prise, par Sully, du fort de Montmélian, qui, pendant de longs siècles, avait été regardé comme une des meilleures places de l'Europe, et comme le boulevard de la Savoie contre la France. Or, en 1571, Elpidianus, dans son livre *des Thermes,* attribue la construction de ce bain à Charlemagne : « bain vraiment royal, dit-il, tant par sa splendeur, par les belles galeries qu'on y voit tout autour, que par sa belle construction en pierre de taille d'une figure taillée. »

Il fut détruit par le terrible incendie de 1739, qui dévora toute la ville. Le bassin dans lequel se baigna Henri IV était tout ce qui restait de l'ancien *bain royal* de Charlemagne.

Quoi qu'il en soit, ce bassin, restauré en 1751, a servi de bain pour les chevaux jusqu'en 1825, époque à laquelle on a construit sur son emplacement le bain de l'Hôpital, petit bâtiment bas, en briques, qu'on voit à côté de la maison Chabert, sur la pente, à droite des Bains.

Il serait à désirer qu'on rétablît pour les animaux une piscine alimentée par l'eau des robinets publics qui coule jour et nuit et dont la presque-totalité se perd sans profit pour personne.

Ce fut le roi de Sardaigne, Victor-Amédée III, qui, de 1779 à 1783, fit élever le premier et ancien établissement, masqué de nos jours par l'établissement actuel. Il n'est, en effet, que masqué ; la plus grande partie en a été conservée, et le pavillon nord tout entier est encore visible de l'extérieur.

Le Parlement sarde avait confié l'édification du nouvel établissement à M. Jules François, ingénieur des Mines, chargé du service des Eaux Minérales de France, et à M. Bernard Pellegrini, architecte de la ville de Chambéry, qui déjà avait construit le Casino. Une somme de 900,000 fr. avait été votée aussi par le Parlement. Le 2 septembre 1857, le roi Victor-Emmanuel posa solennellement la première pierre ; mais la somme de 900,000 fr. était insuffisante, et les travaux, au moment de l'annexion à la France, en 1860, se trouvaient suspendus. Le nouveau Gouvernement déclara les thermes d'Aix établissement de l'État. Il se chargea d'achever ce qui était en voie d'exécution et de reconstruire entièrement l'Hôpital fondé par la reine Hortense, en 1813. C'est le bâtiment neuf qui domine l'établissement au Sud-Est.

La source, dite de soufre, sort de terre sous l'établissement même ; celle d'alun, anciennement source de Saint-Paul, y est amenée par une galerie de captage qui est à la fois une œuvre d'art et une des curiosités du pays.

En 1854, sous la direction de M. Jules François, on creusa dans le roc un tunnel horizontal de 120 m. de longueur, sur une hauteur de 1 m. 80 et une largeur de 1 m. 40.

A 80 m. de l'entrée de la galerie, un coup de mine amena tout à coup l'écoulement d'une si grande quantité d'eau chaude, que les ouvriers employés au percement faillirent périr et que la ville craignit d'être inondée. Les cavernes de Saint-Paul, qui recélaient l'eau d'alun, venaient d'être mises à sec.

La galerie aboutit à un puits naturel, situé perpendiculairement à 4 m. au-dessous des anciennes cavernes qui se remplissaient de bas en haut par l'effet du trop plein de ce puits. C'est ce dernier qui fournit actuellement toute l'eau employée dans les douches et les piscines de l'établissement.

Elle est amenée, au moyen d'un conduit souterrain, dans un réservoir construit au-dessus de l'établissement et qui se remplit pendant la nuit afin de fournir l'énorme quantité de liquide que consomme chaque matin le service des douches. On se fera une idée du volume d'eau exigé par ce service quand on saura que les grandes douches à deux doucheurs consomment, dans l'espace de 12 à 15 minutes, jusqu'à 18 hectolitres d'eau pour une seule opération.

Depuis ce travail, la sulfuration de l'eau d'alun, un peu supérieure à celle de l'eau de soufre, marque $4°,6$ sulfhydrométriques; on conçoit que le gaz acide sulfhydrique avait le temps de s'évaporer dans la grotte où l'eau séjournait avant d'arriver à l'établissement. Il est probable que la sulfuration augmenterait encore si, d'une part, le tuyau de conduite, au lieu de recevoir l'eau à la surface du puits, comme une prise d'eau de moulin, ou comme un canal d'irrigation, plongeait dans l'eau à la façon d'un siphon, et si, d'autre part, le réservoir artificiel, dans lequel s'accumule l'eau pendant la nuit, était muni de couvercles flotteurs s'opposant en partie à la déperdition du gaz minéralisateur.

Un autre résultat du percement de la galerie a été de rendre plus constante la température de l'eau d'alun. Les infiltrations des eaux pluviales, abondantes et faciles jadis, la refroidissaient parfois au point de la rendre impropre au service médical. Cette cause, encore puissante, n'agit, il faut le reconnaître, que dans des circonstances qui se produisent rarement pendant la saison des bains. Des pluies prolongées, coïncidant avec un abaissement de la température atmosphérique, peuvent refroidir notablement les deux sources, mais principalement celle de l'eau d'alun. C'est ainsi que le 9 juillet 1875 l'eau d'alun, au robinet de la buvette, ne marquait plus que 28° centigrades, au lieu de 46°, et l'eau de soufre 36°, au lieu de 45°. A cette époque, les orages et les grosses pluies étaient continuels dans toute la France, et les inondations dévastaient Toulouse.

Enfin, le résultat le plus remarquable des travaux menés à bien par M. Jules François a été l'augmentation du volume d'eau d'alun. L'établissement ne recevait autrefois, par 24 heures, que 1,005,840 litr. — Il en reçoit aujourd'hui, dans le même temps : 4,812,480 litres, ce qui donne une différence de 3,806,640 litres par jour.

En ajoutant à ce chiffre la quantité fournie par la source de soufre, 1,550,000 litres, on arrive au débit de 6,362,480 litres, c'est-à-dire de 63,624 hectolitres par 24 heures. Les réservoirs emmagasinent chaque nuit 1,128,000 litres.

Si, dans les anciennes grottes de Saint-Paul, le gaz sulfhydrique se perdait au détriment de la minéralisation de l'eau d'alun, son contact prolongé pendant des siècles avec les roches calcaires de la partie supérieure a donné lieu à des phénomènes de métamorphisme qui font de ces grottes un objet de curiosité pour les savants et les baigneurs.

Les formes bizarres qu'a revêtues la roche sous l'action du soufre et de la vapeur d'eau, les caprices étranges et fantastiques, là semblables aux retombées de voûte et aux arêtes des clochetons gothiques, ici prenant l'apparence des ossements antédiluviens et des têtes décharnées d'animaux énormes, font penser à ces palais que la légende attribuait aux esprits et aux gnomes des montagnes.

Deux fois par mois, les grottes sont éclairées *à giorno*, au moyen de nombreux becs de gaz cachés dans les anfractuosités des pierres. Les étrangers sont admis à les visiter moyennant une rétribution de 1 fr. par personne.

Les voyageurs qui ne restent que peu de jours à Aix peuvent, en s'adressant à l'établissement, obtenir la permission de les visiter tous les jours et à toute heure. Dans ce cas, ils sont accompagnés par un ou deux employés portant des torches.

Nous devons les prévenir qu'en allant inopinément aux grottes, on est presque assuré de rencontrer quelques couleuvres, d'ailleurs absolument inoffensives. Elles cherchent la chaleur des sources, et il est probable que les vapeurs d'acide sulfhydrique les engourdissent, car elles se sauvent à peine au bruit des visiteurs, et se laissent prendre ou tuer sans difficulté.

L'établissement comprend :

16 grandes douches diverses ;

32 cabinets de bains (32 nouveaux sont en projet, ce qui portera le nombre total à 64, dont moitié pour chaque sexe) ;

2 vastes piscines de 80 mètres cubes chacune ;

2 anciennes piscines ;

2 piscines de famille avec douches ;

2 cabinets de douches de cercle et de siége ;

2 cabinets de douches en jet et en colonne ;

2 salles d'inhalation et de pulvérisation ;

4 locaux destinés aux bains et douches de vapeur, dites *Berthollet* ;

2 douches locales ;

3 cabinets de bains de vapeur en boîte, etc. ;

2 salles pour les douches pharyngiennes, soit pulvérisées, soit directes.

On y prend, par jour, environ 1,200 bains (baignoires et piscines), 2,000 douches et 200 inhalations, soit un total de 3,400 opérations.

Nous extrayons du Règlement, promulgué par arrêté ministériel du 5 décembre 1863, les articles qui peuvent intéresser le lecteur :

Un directeur est chargé, sous l'autorité du Ministre du commerce et sous la surveillance du Préfet de la Savoie, de la direction de l'établissement thermal.

Le directeur prend les mesures pour que chaque médecin puisse visiter librement ses malades, si ces derniers le désirent, soit dans leurs cabinets de bain, soi dans toute autre salle où les eaux leur sont administrées.

Au commencement de chaque saison thermale, il es

ouvert au bureau de l'administration un registre spécial d'inscription divisé en caselles correspondant aux numéros des différents cabinets de douches et de bains.

L'employé mentionne, dans chaque caselle, les heures consacrées aux bains et douches dans le cabinet correspondant, avec l'indication des heures qui ont été retenues et de celles qui sont encore disponibles. Le registre est communiqué aux baigneurs, qui sont appelés à choisir parmi les heures et les cabinets encore disponibles. L'employé inscrit leur nom dans la caselle correspondant au cabinet de douche ou de bain, et à l'heure par eux choisie.

Pendant le service à heure fixe, la durée de la douche ne peut excéder vingt minutes, et la durée du bain une heure et quart, y compris l'entrée et la sortie.

Les heures sont réglées sur l'horloge de l'établissement. Les surveillants annoncent le commencement et la fin de chaque douche, et font l'appel des baigneurs d'après l'ordre de leur inscription sur le tableau affiché.

Ils veillent à ce que les personnes qui ont reçu leurs douches ou pris leurs bains sortent des cabinets, pour y faire entrer celles qui viennent après dans l'ordre du tableau.

Les baigneurs doivent arriver à l'établissement cinq minutes avant l'heure qui leur est attribuée.

Si la personne appelée ne répond pas, le surveillant attend cinq minutes, et introduit ensuite la personne qui a le numéro suivant, ou, à défaut, toute autre personne.

Le baigneur qui n'a pas répondu à l'appel de son nom perd son tour d'inscription et n'a droit à passer qu'autant que, dans les diverses séries du service journalier et avant la fin du service, il se présente un cabinet vacant.

La même baignoire ne peut servir pour deux personnes.

Les enfants au-dessous de cinq ans sont, toutefois, admis avec leurs parents sans augmentation de prix pour les bains en baignoires et pour les bains dans les piscines.

Nul n'est admis à se baigner dans les piscines et ne peut entrer dans les cabinets dits *bouillons* au moment du service ordinaire, s'il est reconnu que la nature de ses infirmités est une cause de répulsion. Le médecin inspecteur sera juge des cas dont il s'agit, sauf réclamation devant le Préfet.

Les préposés aux bains, doucheurs et doucheuses, ne doivent se permettre aucun conseil vis-à-vis des malades, ni aucune observation sur le mode d'administration des Eaux. Leur devoir est d'exécuter strictement les ordres qu'ils reçoivent du médecin. Toute infraction à cet égard peut entraîner leur révocation.

Sont administrés en dehors des heures du service ordinaire :

1º Les douches, bains de vapeur et étuves dont la durée doit être de plus de vingt minutes ;

2º Les douches qui exigent un nombre d'hommes de service plus grand que d'habitude, ou l'emploi d'appareils compliqués, ou des préparatifs longs et embarrassants ;

3º Enfin, les douches réclamées par des personnes affectées de maladies d'une nature repoussante.

La gratuité des bains et douches est accordée aux habitants de la ville d'Aix et aux médecins.

Elle est accordée en tout ou en partie aux membres des ordres religieux, aux gendarmes, aux sous-officiers et aux soldats des troupes de terre et de mer, aux préposés des douanes, aux gardes forestiers, aux cantonniers des routes nationales et départementales et des chemins vicinaux, ainsi qu'aux indigents porteurs d'une autorisation du préfet de leur département, et d'un certificat de médecin attestant que l'usage des eaux d'Aix leur est nécessaire.

Un règlement arrêté par le Préfet indique les conditions d'heure et de local auxquelles les personnes des diverses catégories ci-dessus doivent se conformer.

En dehors du Règlement, il est accordé une demi-gratuité aux domestiques qui accompagnent des baigneurs. Il suffit pour cela d'un certificat de médecin attestant que l'usage des eaux peut leur être utile.

A partir du 15 avril 1866, le tarif a été arrêté comme suit :

Soubassement. Douche à 2 doucheurs.	2 fr.	50
Princes vieux, princes neufs et douche neuve. Douche à 2 doucheurs	2	»
Douches moyennes, albertines, colonne, centre et enfer. Douche à 1 doucheur	1	50
Vapeur Berthollet, douche locale avec 1 sécheur.	1	50
Douches locales et douches en cercle, douche sans sécheur.	1	»
Inhalations.	1	»
Douche ascendante	»	50
Bains-baignoires, piscines	1	50
Piscine de famille, l'heure.	10	»
Bains du petit établissement	1	»
Supplément de linge	»	50
Grottes, visite les jours d'illumination.	1	»
Boisson et gargarisme	gratis.	

Chaises à porteurs :

Port simple.	» fr.	60
Port double (aller et retour)	1	»

Comme point de comparaison, nous rapprochons de ce tarif ceux de quelques autres établissements :

Tarifs d'Enghien.

Abonnement à la boisson *pour un mois*. . . 10 fr. »
Bain sulfureux, chauffé à la vapeur, linge
   non compris. . . . . 3 »
Grandes douches. 3 20
Inhalations : la séance. , ... 2 20

A Balaruc, en 1866, avant la « Compagnie anglaise » le tarif portait les prix suivants :

Boisson, *par jour* et par tête. . . . . 1 fr. 50
Bain, linge *non* compris et service du bain. 4 20
Douche ordinaire et service de la douche,
   linge *non* compris. 4 20
Fomentation de boue minérale, linge *non*
   compris 5 70
Bain de pieds. 2 70

La compagnie anglaise a proposé le nouveau tarif que voici :

La boisson, par jour et par tête . . . . 3 fr. »
Le bain. 5 30
La douche 5 30
La boue 6 30
Le bain de pieds. 4 20

La Gazette des Eaux, à laquelle nous empruntons ces chiffres, se demande comment un pareil tarif a pu être approuvé.

A Uriage, le prix du bain était invariablement fixé à 1 fr. 25. Il en résultait un encombrement inévitable aux heures préférées du public. On l'a élevé, pour ces heures-là, à 1 fr. 50, et cette légère augmentation a suffi pour écarter un certain nombre de baigneurs, plus soucieux de l'équilibre de leur budget que de leur commodité.

Tarif de Cauterets.

Abonnement à la boisson à toutes les buvettes et
    pour toute la saison............ 6 fr. »
Bain aux Thermes et à la Raillière, suivant
    les heures, linge compris......... 1   50
Grandes douches............... 1   25
Inhalations : la séance........... »   50

Le tarif de Cauterets passe pour le moins élevé de tous. Il faut remarquer qu'à Aix, la *boisson* est absolument gratuite.

A la buvette et dans tous les cabinets de bains, il existe trois robinets. Au-dessus de celui de gauche, est inscrite la lettre S ; sur celui du milieu, la lettre F ; sur celui de droite, la lettre A. Ce sont les initiales des mots : *Soufre, Froide, Alun*.

Sur la place de l'établissement, trois robinets publics, et semblables aux précédents, sont continuellement ouverts et permettent aux habitants, ainsi qu'aux baigneurs, d'avoir à toute heure du jour ou de la nuit autant d'eau thermale qu'ils en peuvent désirer.

Deux robinets, l'un d'eau froide, l'autre d'eau d'alun, laissent aussi couler l'eau sans cesse, à l'entrée de la rue de Mouxy. C'est là que l'eau d'alun, plus près de sa source, est le plus chaude.

L'inclinaison du sol auquel sont adossés les trois étages de l'établissement fait qu'on peut administrer, selon les indications médicales, des douches dont la pression varie proportionnellement à la hauteur des étages.

Le radier du réservoir d'eau d'alun et d'eau froide est à 12 mètres 75 au-dessus du sol du rez-de-chaussée (soubassement); — le radier du réservoir d'eau de soufre est à 4 mètres 50 au-dessus du sol du même soubassement.

La hauteur d'eau dans le réservoir d'eau d'alun et d'eau froide est de 2 mètres 80, et de 1 mètre 70 dans le réservoir d'eau de soufre.

La pression des douches, dites du soubassement, est donc de 15 mètres 55 au maximun, et l'eau de soufre, dans la salle d'inhalation, se brise contre le couvercle du bassin avec une force de 6 mètres 20.

Chaque doucheur ayant à sa disposition de l'eau chaude et de l'eau froide, et pouvant les mélanger à son gré, dans des appareils très-simples, avant de s'en servir, il en résulte qu'il est facile de donner les douches à la température et à la pression voulues.

Sous ce rapport, aussi bien que sous celui de l'abondance des sources, et de l'habileté des doucheurs, on peut dire que l'établissement d'Aix est sans égal.

Mais, pour être sans égal, il ne laisse pas que de donner prise à de légères critiques de détails. Nous allons en consigner ici quelques-unes sous forme de *désiderata*.

1° Il est regrettable que les anciens cabinets de bains ne soient pas munis d'un tuyau soit simple, soit terminé par une pomme d'arrosoir, qui permettrait de se doucher à froid dans la baignoire, comme on le fait dans la piscine. Nous espérons que cet appareil, si utile, sera installé dans les nouveaux cabinets de bains, qu'il est depuis longtemps question de construire.

2° Dans les *bouillons* du soubassement, la personne qui se baigne est obligée, après avoir séjourné dans la vapeur le temps prescrit, de revenir dans le vestiaire qui sert d'antichambre et de le traverser nue pour gagner le cabinet des doucheurs. Ne pourrait-on ouvrir une communication directe entre le vaporarium et la douche?

En attendant cette amélioration, il serait facile de poser par terre des tapis en gutta-percha découpée, qui seraient moins glissants et moins froids que les dalles actuelles. Des tapis du même genre seraient également bien placés autour des piscines.

3° On ne saurait justifier l'interdiction faite aux médecins de pénétrer dans la piscine des dames. Elles se baignent vêtues comme à la mer et comme à Louëche, où elles sont, ici et là, sous les yeux du public. D'ailleurs, un article formel du règlement cité plus haut *prescrit* au directeur de laisser librement communiquer le médecin avec ses malades où qu'elles se trouvent.

4° L'abondance des sources rendrait facile l'aménagement d'un courant continu dans les piscines.

5° Il serait surtout extrêmement désirable qu'un bassin, alimenté par de l'eau froide courante, reçût de longs tuyaux disposés en serpentin et dans lesquels se refroidirait de quelques degrés, à l'abri du contact de l'air, et sans rien perdre de ses principes, l'eau minérale destinée aux bains.

6° Les appareils à encaissements de la division Berthollet demandent deux petites modifications, faciles à réaliser et importantes. Il faudrait que le siége sur lequel sont assis les malades leur soutînt les reins. Il faudrait aussi que le trou par lequel sort la vapeur fût placé en avant des pieds et des jambes, et non derrière comme il l'est maintenant.

7° Si des lits de repos étaient mis à la disposition des malades au sortir de ces bains par encaissement, ce serait, à coup sûr, une excellente amélioration.

8° Il serait bon aussi que des appareils fussent plus commodément disposés, dans cette même division, pour les douches de vapeur au visage, au nez, etc.

9° Des lits de secours, et des civières, mieux disposées que les chaises à porteurs ordinaires, devraient toujours être prêts, en cas d'accident.

10° En reculant à l'alignement intérieur des piliers antérieurs la clôture des cabinets de douches de la division dite : les *princes neufs*, on élargirait le couloir de cette division, toujours encombré, et l'on y rendrait la circulation plus facile.

11° Il serait convenable que les portes de ces cabinets, destinés aux femmes, pussent être fermées à l'intérieur.

12° Les deux douches de la division d'Enfer, l'une destinée aux femmes, l'autre aux hommes, n'ont ni vestiaire, ni antichambre d'aucune sorte. Il en résulte que les personnes qui ne se font pas emporter, sont obligées de s'habiller en dehors des cabinets de douche, en public, et de subir, à peine vêtues, un changement trop brusque de température.

13° La fontaine élevée sur la place de l'établissement et d'où l'eau coule jour et nuit, par trois robinets, devrait offrir un abord propre et commode. C'est là qu'on va boire ou chercher de l'eau thermale quand l'établissement est fermé. Chaque robinet porterait la désignation de l'eau qu'il fournit.

14° Il serait bien à désirer qu'on obligeât les sécheurs à remporter dans des *corbeilles couvertes* les vêtements des personnes qu'ils ont accompagnées à la douche, et qu'ainsi ne fût pas étalée aux yeux du public la défroque, quelquefois ridicule pour ne rien dire de plus, de certains malades.

Revenons aux indications pratiques que nous devons fournir aux baigneurs.

Si le médecin a prescrit des bains en piscine ou des séances aux salles d'inhalation, on n'a à se préoccuper de rien. Il y a toujours de la place; on peut y aller à l'heure qu'on veut.

Pour les bains en baignoire, au commencement et à la fin de saison, il sera facile aussi de trouver un cabinet libre.

Pour les douches, c'est autre chose.

Notons ici que les douches dites moyennes sont à un seul doucheur ou à une seule doucheuse. Les désignations de douches des Albertins, douches des Princes vieux ou des Princes neufs rappellent l'époque de leur construction successive. Les unes ont été installées sous le roi Charles-Albert, les autres sous les princes de la maison de Savoie.

Quand le médecin a indiqué celle de ces douches qui doit être prise, il faut aller à l'établissement ou y envoyer le domestique de la maison dans laquelle on est logé, et se faire inscrire. Le bureau est situé à gauche, au-dessus du grand escalier qui fait face à la porte principale de l'établissement. Il est ouvert de 9 à 10 heures du matin et de 2 à 5 heures du soir. L'heure la plus commode, surtout pour les dames, est 7 heures du matin. Elle n'oblige pas à se lever trop tôt; — elle laisse le temps de se reposer ensuite, et de s'habiller à loisir pour le déjeuner qui a lieu à 10 heures.

Une fois en possession des cachets, on n'a plus qu'à prévenir le sécheur ou la sécheuse du jour et de l'heure où l'on ira à la douche.

Les sécheurs et les sécheuses sont des domestiques qui, pendant la saison, sont attachés, dans chaque maison, au service exclusif des baigneurs. Ils se chargent de réveiller ceux-ci, de les accompagner aux douches, d'emporter le linge et les couvertures dont on a besoin, de rapporter les vêtements, et de préparer le lit. Ils restent à la disposition des baigneurs tout le temps qu'ils sont couchés après la douche, ils leur donnent à boire, et les essuient quand ils transpirent, — d'où le nom de *sécheurs*. — Les malades, emmaillottés, sont incapables de se servir eux-mêmes.

Les personnes qui ne se font pas rapporter doivent aussi être accompagnées du sécheur, l'établissement ne fournissant pas de linge pour le service des douches.

Ce sont encore les sécheurs qui se chargent d'apporter, matin et soir, de l'eau thermale aux baigneurs qui en ont besoin, soit pour boisson, soit pour bains de pieds, soit pour tout autre usage.

Le sécheur et la sécheuse (ordinairement le mari et la femme), attachés à la même maison, sont payés à raison de 60 centimes par jour et par baigneur; cette rémunération est comptée dans le prix de location sous le nom de *service*. Toutefois il est d'usage, en partant, de leur donner ce que dans le pays on appelle *des étrennes*. Le chiffre en sera proportionnel aux services rendus, à la durée du séjour, à la fortune du baigneur, etc. Nous conseillons aux personnes qui viennent à Aix pour la première fois, de se renseigner pour les étrennes ou *tringelts* à donner aux sécheurs, doucheurs et porteurs, auprès de leur médecin.

Pour les honoraires de celui-ci, nous ne pouvons, on le conçoit, qu'indiquer un minimun, tant la question est complexe.

On ne doit, dans aucun cas, sous peine d'indignité, offrir au médecin dont on a reçu les avis et les soins pendant un séjour aux eaux, une somme inférieure au dixième de la dépense totale nécessitée par ce séjour; c'est le moins.

CHAPITRE V

L'Hospice.

Fondé en 1813 par la reine Hortense, il fut doté successivement par les libéralités de M. W. Haldiman, du roi Charles-Félix, du marquis Costa de Bauregard, de Mme Boyd et de l'empereur Napoléon III.

Il reçoit de tous les points de la France les indigents munis des certificats réglementaires. Toute demande d'admission doit être adressée quelque temps à l'avance à M. le directeur de l'hôpital.

Les nouvelles constructions de cet hôpital s'élèvent au-dessus et au sud-est de l'établissement des eaux

CHAPITRE VI

MARLIOZ

Marlioz est une vaste propriété de trente hectares en face de la colline de Tresserve, et dépendante d'un hameau situé à 1500 mètres d'Aix, sur la route de Chambéry.

Les eaux, connues depuis un temps assez reculé, n'ont sérieusement attiré l'attention des médecins que depuis l'expérimentation chimique de M. Bonjean.

Le premier captage des sources date de 1850. Le propriétaire, M. Billet, Savoyard d'origine, résidant à Madrid, consacra des capitaux importants à l'installation des eaux et à l'embellissement du parc. Aujourd'hui, grâce aux constructions nouvelles et aux améliorations réalisées par le nouveau fermier, l'établissement de Marlioz compte parmi les plus intéressants et les plus utiles de l'Europe.

Il existe à Marlioz trois sources :

1° La source d'Esculape, servant à la boisson et aux bains ;

2° La source Adélaïde, plus sulfureuse que la précédente ; elle est réservée pour des besoins exceptionnels ;

3° La source Bonjean, qui alimente les salles d'inhalation.

Ces trois sources, d'une température constante de 14 degrés centigrades, sont sulfureuses, alcalines, iodurées, bromurées et assez fortement chargées de *glairine*; elles peuvent fournir au moins dix mille litres d'eau par vingt-quatre heures

Voici le résultat de l'analyse de M. Bonjean.

Sur 1,000 grammes (1 litre).

Principes gazeux :

Acide sulfhydrique libre. . . 6,70 cent. cubes.
— carbonique . . . . . . 4,64 —
Azote. . . . . 9,77 —

Principes fixes :

Silice . . . . 0,006 gr.
Sulfure de sodium . . . . 0,067 —
Carbonate de chaux . . . . 0,186 —
— de magnésie. . . . . 0,012 —
— de soude. . . . . 0,040 —
— de fer . . . . 0,013 —
— de manganèse. . . . . 0,001 —
Sulfate de soude . . . . 0,028 —
— de chaux . . . . 0,002 —
— de magnésie . . . . 0,018 —
— de fer. . . . . 0,007 —
Chlorure de magnésium . . . . 0,014 —
— de sodium . . . . 0,018 —
Iodure de potassium.   ⎫
Bromure de potassium.   ⎬ Quantité indéterminée.
Glairine.   ⎭

Nota. — Les carbonates sont en réalité, et avant l'ébullition nécessaire de l'analyse, à l'état de bicarbonates.

Tableau comparatif du poids du soufre dans les Eaux minérales.

Sur 1,000 grammes :
Marlioz 0,037

Vinça (Pyrénées-Orientales). 0,009
Vernet — 0,022
Bagnères-de-Luchon (Haute-Garonne) 0,028
Baréges (Hautes-Pyrénées) . . . . . . 0,007 à 0,015
Cauterets — 0,007
Saint-Sauveur — . . . . . . 0,007 à 0,008
Barzon — 0,009
Bonnes (Basses-Pyrénées). 0,007
Ax (Ariége) . . . . 0,005 à 0,010
Allevard (Isère) 0.033
Uriage — 0,013

Deux salles d'inhalation gazeuse froide ont été installées à Marlioz. Au centre de chacune d'elles est un bassin de marbre blanc du milieu duquel s'élève une gerbe de jets très-ténus d'eau minérale, qui se brisent contre un disque à concavité inférieure. Des robinets plus ou moins ouverts font varier la force de projection de l'eau et permettent de régler proportionnellement la quantité de gaz acide sulfhydrique qui se mélange à l'air des salles. Non-seulement l'hydrogène sulfuré, mais sans doute les autres principes minéralisateurs de la source, se disséminent aussi dans l'atmosphère, par suite de la pulvérisation de l'eau qui les contenait. Il suffit de respirer simplement dans un tel milieu pour que les muqueuses du pharynx, du larynx, des bronches et des poumons soient mises en contact direct avec le remède qui doit modifier l'état pathologique de l'une d'elles ou de toutes ensemble. La muqueuse pulmonaire est, d'ailleurs, la voie par laquelle l'absorption se fait le plus énergiquement, et la quantité de soufre qui entre ainsi dans l'organisme est relativement considérable.

Chalet-restaurant de Marlioz.

On ne se mouille pas dans ces salles, comme dans celles de vapeurs chaudes. On y entre à toute heure, avec toute espèce de toilette ; on peut, comme chez soi, lire, travailler, et, des fenêtres, le regard se promène sur des échappées de vue d'une magnificence réelle.

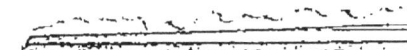

Établissement de Marlioz.

Les douches de la gorge et de la face, soit en jets, soit pulvérisées, sont administrées à l'aide d'appareils nouveaux et avec la plus grande facilité. Elles agissent sous une pression qui varie de une à cinq atmosphères et à la température prescrite par le médecin.

La buvette est aménagée de manière à fournir l'eau sulfureuse iodée, sans altération, soit à la température naturelle de 14 degrés centigrades, soit à telle autre. L'eau minérale est chauffée, *sans aucune altération de ses principes minéralisateurs natifs,* par des appareils qui ne sont pas la partie la moins intéressante de l'installation. Les malades trouvent donc à Marlioz de l'eau minérale « thermalisée » pour le cas où l'eau minérale froide serait contre-indiquée. La solution de ce problème, vivement désirée par les médecins, offrait de sérieuses difficultés ; elle est pleinement obtenue.

Un second établissement contigu à l'établissement principal contient, dans deux divisions spéciales pour chaque sexe, des bains d'eau minérale *chauffée sans perte des principes constituants, des douches locales ascendantes et vaginales,* de grandes douches froides, en pluie et en jet, ainsi que des *bains d'eau commune qui manquent à Aix.*

Les Bains minéraux sont alimentés par un réservoir contenant 4,000 hectolitres d'eau sulfureuse.

Le parc de Marlioz comprend encore :

Un pavillon de gymnastique médicale ;

Un café-restaurant dans un très-élégant chalet de style mauresque, au milieu d'une avenue de marronniers qui domine les jardins. Table d'hôte, service à la carte, billard, salles de lecture ;

Une laiterie où l'on trouve tous les jours et à toute heure du lait de vache tiré au moment de la demande.

Au café-restaurant, au château et dans les dépendances, de nombreux logements très-confortables, à des prix modérés, sont à la disposition du public.

L'auteur anonyme d'une brochure sur Marlioz (*Gazette des Eaux*), où nous avons puisé en partie ce qui précède, s'exprime ainsi en terminant : « En résumé, Marlioz réunit tout ce que la thérapeutique est en droit de réclamer des établissements de ce genre ; et il forme la plus délicieuse *oasis* que l'on puisse désirer pour l'agrément et la commodité de l'étranger. De frais ombrages, des siéges de tous côtés, des salons de lecture et de repos, des plantations de tout genre, des fleurs à profusion, des bassins et des jets d'eau ; tout justifie l'affluence non pas seulement des malades, mais encore de la grande majorité des visiteurs d'Aix qui viennent s'abriter à Marlioz des ardeurs du soleil, y jouir de points de vue magnifiques et de l'animation produite dans cette charmante résidence par un mouvement continuel de promeneurs.

« Tant d'avantages réunis ne se rencontrent dans aucun autre établissement analogue. Faut-il ajouter que l'eau de Marlioz, au lieu de se trouver, comme la plupart des eaux sulfureuses, dans des vallées élevées, montagneuses, à soirées glaciales, surgit à 250 mètres seulement au-dessus du niveau de la mer, dans cette douce vallée d'Aix où le figuier mûrit ses deux récoltes sans abris, où le grenadier acquiert 30 et 40 centimètres de diamètre ? C'est le point le plus chaud de la Savoie. La flore y est la même que celle de contrées beaucoup plus méridionales ; le laurier, le figuier, le jujubier y prospèrent en pleine terre. »

Des omnibus partant toutes les demi-heures, et faisant le trajet en 10 minutes, mettent Marlioz en communication continuelle avec Aix.

Tarif de l'Établissement de Marlioz.

Salle d'inhalation	1 fr.	50
Douches pharyngiennes, nasales et oculaires	2	»
Douches spéciales d'injection et de siége	1	»
Douches ascendantes	»	50
Bains d'eau minérale pure (linge compris)	2	50
Bains mitigés (moitié eau minérale)	1	50
Bains d'eau douce	1	»
Buvette aux sources (le verre)	»	10
Omnibus (aller et retour). — Bureau, place centrale à Aix	»	60
Entrée du parc (pour les étrangers qui ne suivent pas de traitement et qui viennent à pied ou en voiture particulière)	»	30

Les salles d'inhalation sont ouvertes, le matin, de 7 à 11 heures ; le soir, de 1 à 5 heures.

L'eau de Marlioz marque 15 degrés sulfhydrométriques. Comme celle d'Aix, elle émerge du terrain néocomien.

Les trois sources fournissent une eau limpide, incolore, douce au toucher, à odeur et à saveur fortement hépatiques. Abandonnée à l'air libre, elle se trouble, se décompose et laisse déposer le soufre qu'elle contient.

« C'est, dit M. le D^r Le Pileur, une eau excitante, tonique et reconstituante ; elle stimule les fonctions de l'estomac et celles de l'appareil urinaire ; sous son influence les urines et la sueur deviennent alcalines, l'hématose est activée et modifiée. Son action spécifique sur les voies aériennes la rapproche, comme ses éléments chimiques, des Eaux-Bonnes, de celles de Labassère, de la Raillère, de Saint-Honoré, etc. Elle se transporte parfaitement. »

CHAPITRE VII

Saint-Simon.

Dans une direction opposée à celle de Marlioz, c'est-à dire au nord, sur la route de Genève et à 2 kilomètres environ, on trouve, au hameau de Saint-Simon, une source magnésienne alcaline très-abondante. Elle donne 1,000 hectolitres en 24 heures.

Elle est limpide, onctueuse au toucher, sans odeur, d'une saveur agréable, et possède une température constante de 17 degrés.

D'après les analyses faites en 1851 par M. Kramer, professeur de chimie à Milan, elle contient des bicarbonates de chaux, de magnésie, de potasse et de fer ; — du chlorure de magnésium ; — des oxydes aluminique et magnésique ; — des sulfates de potasse et de magnésie ; — de l'iode, de la glairine et du gaz azote libre.

Les effets physiologiques de cette eau sont d'augmenter l'appétit, d'aider la digestion, de rendre les déjections alvines plus faciles. Selon le Dr Pétrequin, de Lyon, elle active la sécrétion de la salive. L'excitation qu'elle provoque paraît spéciale aux membranes muqueuses et ne retentit pas sur le reste de l'économie.

Elle est hyposthénisante du système nerveux.

Il y avait à Saint-Simon une source ferrugineuse que les travaux du chemin de fer ont fait disparaître. Mais il en existe une autre excellente, à Grésy, sur la même route, à 3 kilomètres d'Aix.

CHAPITRE VIII

De l'Emploi des Eaux.

La réunion, dans un espace aussi restreint, des sources précédentes, et surtout la proximité des établissements d'Aix et de Marlioz, font d'Aix-les-Bains une station tout à fait exceptionnelle.

On peut dire, sans exagération, que nulle part la thérapeutique hydrominérale ne dispose de ressources aussi considérables et aussi variées.

Nous n'entreprendrons pas d'énumérer toutes les affections susceptibles d'être ici soulagées ou guéries ; cela nous entraînerait vraiment trop loin ; nous ne consignerons pas non plus les observations des malades qui ont recouvré la santé près de ces thermes.

Dans un ouvrage qui n'est pas exclusivement destiné aux médecins, ces sortes de narrations offrent un danger sérieux : les malades croient reconnaître dans les symptômes décrits ce qu'ils éprouvent eux-mêmes et, par une pente toute naturelle, ils veulent qu'on leur applique le traitement qui a réussi à d'autres. Souvent, sans même demander conseil, ils se traitent seuls, et, presque toujours, ils s'en trouvent fort mal. Pour bien juger une maladie, la suivre dans ses phases successives, apprécier les effets du traitement, et remplir les indications au fur et à mesure qu'elles se présentent, il faut, indépendamment des lumières fournies par l'étude et de l'expérience que donne l'habitude, il faut, disons-nous, un sang-froid qui n'est pas compatible avec l'état de maladie. C'est ce qui explique que la plupart des médecins, pour ne pas dire tous, sont inhabiles à se traiter eux-mêmes, et qu'ils font appel à un confrère, quand il s'agit de traiter les êtres qui leur sont chers.

Nous nous bornerons donc à des considérations générales.

De tout temps, les malades atteints d'affections rhumatismales ou scrofuleuses sous quelque forme que ce fût, d'affections des os ou des articulations, etc., sont venus à Aix chercher la guérison.

Avant l'année 1783, date de la construction de l'ancien établissement, ces eaux étaient déjà très-fréquentées. Tout le traitement consistait alors à boire et à se plonger dans les sources ; et cependant de nombreuses guérisons s'opéraient chaque année, car Cabias, qui écrivait en 1622, cite plusieurs cures remarquables dans son ouvrage intitulé : *les Vertus merveilleuses des bains de Savoie.*

Daquin, en 1773, rapporte un grand nombre d'observations de guérisons obtenues dans des cas de rhumatismes avec ou sans paralysies, de fractures anciennes, de tumeurs viscérales, de scrofules, de névroses, de douleurs néphrétiques, d'affections de la vessie, de maladies de la peau, d'asthme, de tubercules pulmonaires, etc.

Il est bien évident que ce n'est pas à l'action mécanique de la douche et du massage qu'il faut faire honneur de ces guérisons, puisque ces moyens n'étaient pas alors en usage.

Mais si les eaux sont puissantes par elles-mêmes, la manière de les administrer a singulièrement agrandi cette puissance.

Nous avons dit, en parlant de l'établissement, qu'il y existe une installation hydrothérapique spéciale ; nous ajoutons ici que tous les cabinets de douches étant munis de robinets d'eau froide, on peut faire de l'hydrothérapie à tous les étages ; que dans les piscines, un robinet d'eau froide à grande pression est à la disposition des baigneurs ; et qu'enfin, à Marlioz, les appareils hydrothérapiques appropriés surtout aux maladies de matrice, sont alimentés par l'eau minérale pure ou mitigée, selon les prescriptions du médecin.

Toutes les maladies chroniques, les névroses, les chloroses, les affections utérines, etc., que l'hydrothérapie modifie si énergiquement, peuvent donc être envoyées à Aix.

A côté de l'hydrothérapie froide, Aix met à la disposition de ses médecins, selon la judicieuse expression du Dr Durand-Fardel, un système parfait d'hydrothérapie thermale, et tout un personnel de masseurs, comme il n'en existe dans aucune autre station.

1° Toutes les maladies se rattachant au rhumatisme chronique sont traditionnellement soignées à Aix.

2° Il en est de même des affections lymphatiques et scrofuleuses, des affections chroniques du périoste, des os et des articulations (tumeurs blanches, hydarthroses, ankyloses, caries, etc.).

Les eaux de Marlioz ont une action très-efficace contre les altérations du système osseux. Dans un travail communiqué à l'Académie des sciences, le 2 mars 1858, M. Boussingault expliquait cette action par la quantité notable de bicarbonate de chaux qu'elles contiennent.

3° A ces deux classes d'affections, il convient d'ajouter tout d'abord les maladies vénériennes qu'une observation superficielle ou des idées préconçues ont longtemps éloignées d'Aix. Le premier effet des eaux est d'augmenter les symptômes et souvent d'en faire naître de nouveaux, de réveiller les diathèses, ainsi qu'on l'a dit. On comprend qu'en exagérant le mouvement fluxionnaire du côté de la peau, elles doivent faire paraître ou réapparaître les manifestations constitutionnelles de la syphilis toutes les fois que la maladie n'est pas complétement disparue. C'est précisément cette action qui les rend précieuses, puisqu'elle en fait en quelque sorte le critérium de la maladie dont il s'agit, en même temps qu'elle concourt doublement à sa curation, et par ses principes minéralisateurs et par sa thermalité. Or, de toutes les maladies, c'est celle qu'il importe le plus de pouvoir déceler quand elle est larvée. En effet, elle reste quelquefois longtemps sans manifestations extérieures, tout en continuant son évolution fatale, et tout en pouvant être transmise par hérédité. D'un autre côté, quand la maladie n'existe plus, il importe de cesser le traitement mercuriel qui, prolongé au-delà des limites nécessaires, devient lui-même une cause d'accidents plus ou moins graves. Du reste ces accidents trouvent leur remède le plus efficace dans les mêmes eaux d'Aix ou de Marlioz.

4° Les maladies chroniques de la peau, toutes celles qui se rattachent à ce qu'on appelle maintenant l'hérpétisme, trouvent également dans ces eaux leur antique spécifique, c'est-à-dire le soufre. Nous appelons, à cet égard, l'attention des médecins sur les services que rendent les douches de vapeur chaude et sulfurée (appareils Berthollet) contre les affections cutanées du visage, en particulier les acnés d'ordinaire si rebelles.

5° Les affections des membranes muqueuses, de toutes les muqueuses, sont rapidement améliorées avec les ressources combinées des deux stations, et presque toutes, si l'on y met de la persévérance, y sont guéries radicalement : les laryngites chroniques, les pharyngites granuleuses, les catarrhes bronchiques, toujours liés à un état emphysémateux des poumons, les diarrhées incoercibles, les dyssenteries chroniques, les catarrhes de la vessie, les blennorrhées invétérées, les leucorrhées, etc.

6° Contre les engorgements ou les congestions chroniques du foie, de la rate, de l'utérus, etc., les installations hydrothérapiques froide et minérale d'Aix et de Marlioz offrent une médication énergique.

7° La phthisie pulmonaire à tous les degrés peut être enrayée par un séjour plus ou moins prolongé dans la vallée d'Aix et par l'usage des eaux de cette station ou de Marlioz, selon les cas, prises sous forme d'inhalation. Nous nous réservons de publier plus tard, quand le temps les aura consacrées, un grand nombre d'observations de tubercules du poumon améliorés ou guéris par cette médication. Depuis Daquin, la plupart des médecins qui ont exercé à Aix, ont obtenu de ces guérisons. La thermalité des eaux, leur qualité, le climat exceptionnellement doux et égal de la vallée, le peu d'élévation de celle-ci au-dessus de la mer (250 mètres), la rareté, pour ne pas dire l'absence de la phthsie héréditaire sur les bords du lac du Bourget, tout concourt à signaler la station comme réunissant les conditions les plus favorables pour combattre cette terrible affection. Si, malgré cela, on voit relativement peu de phthisiques venir à Aix, cela tient à des causes multiples. Nous constaterons seulement les deux principales : d'abord quelques médecins attribuant à l'effet des eaux les accidents qui étaient le propre de la maladie, se sont effrayés à tort. Ils ont cru voir une contre-indication absolue où n'était probablement qu'une indication de changer le mode de traitement. Là où la douche est mal supportée, la boisson, les bains et l'inhalation peuvent encore rendre les plus grands services.

Ensuite, les médecins de Paris et des grandes villes, où abondent les phthisiques, avaient pris l'habitude, avant l'annexion d'Aix à la France, d'envoyer leurs clients aux eaux des Pyrénées, parce que ces eaux sont françaises, et parce que les confrères établis près de ces eaux avaient eu le soin de mettre en lumière les bons résultats de la médication sulfureuse contre les maladies de poitrine. L'installation thermale si complète de l'établissement d'Aix, la minéralisation supérieure des sources de Marlioz, le voisinage, enfin, des eaux de Challes, qui contiennent le soufre à un état de concentration extraordinaire, feront, avec les autres considérations mentionnées plus haut, revenir le corps médical, mieux informé, à une plus juste appréciation des choses.

8° Les ulcères atoniques, les vieilles cicatrices restées douloureuses, les plaies d'armes à feu, certains cas de paraplégies rhumatismales, etc., etc., viennent de temps immémorial demander à Aix une guérison ou une amélioration qui sont, en quelque sorte, traditionnelles.

9° L'eau de Saint-Simon, — où n'existe qu'une buvette, — est employée avec succès dans les affections gastriques et gastro-entériques à l'état chronique ou sub-aigu ; dans les gastralgies et les irritations de la muqueuse vésicale, elle s'oppose à la formation de l'acide urique, et modère par conséquent les manifestations de l'affection goutteuse. Elle convient, de plus, aux malades chez lesquels les eaux d'Aix troublent les fonctions des membranes muqueuses en portant le mouvement fluxionnaire la peau avec une certaine exagération.

Quelques conseils aux Baigneurs.

Alibert disait : « Quand vous arrivez aux Eaux minérales, faites comme si vous entriez dans le temple d'Esculape ; laissez à la porte toutes les passions qui ont agité votre âme, toutes les affaires qui ont si longtemps tourmenté votre esprit. » Consei excellent et qu'il faut s'efforcer de suivre.

Il disait aussi : « Lorsque les malades se trouvent rendus aux eaux qui leur ont été indiquées par un médecin instruit, ils ne doivent point en commencer l'usage avec trop de précipitation ; ils doivent se livrer pendant quelques jours au repos, et se délasser préalablement d'une route qui a été trop fatigante pour leurs organes. »

Il faut se garder de vouloir se traiter seul, même quand on revient pour la deuxième ou troisième fois aux Eaux. Cette imprudence est souvent punie par les plus graves accidents, surtout à Aix, où la médication est loin d'être indifférente. Il est bon que les malades sachent qu'il n'y a pas de formules générales de traitement. Il n'y a pas de médecine des Eaux ; il n'y a que des médecins.

On ne doit pas non plus s'adresser à un autre docteur que celui qui a été désigné par le médecin habituel ; ce procédé a quelque chose de blessant pour ce dernier qu'on a consulté avant de partir et dont on ne suit pas les avis ; il peut en résulter un préjudice sérieux pour le malade qui, dans la plupart des cas, n'a pas été adressé sans raison, plutôt à tel confrère qu'à tel autre.

Les médecins des eaux qui, par les moyens inavouables du pistage (maîtres d'hôtels, garçons, etc.), détournent à leur profit les clients, sont, par ce fait même, peu honorables. Cette considération devrait suffire pour éloigner d'eux les clients qui se respectent.

Le titre d'inspecteur, donné à la faveur, constitue un privilége regrettable, mais n'implique, chez le médecin qu'il désigne, aucune supériorité scientifique sur ses confrères.

C'est une erreur de croire qu'en multipliant les opérations balnéaires et en forçant les doses prescrites, on sera plutôt guéri. Les médications brusques ne conviennent point aux maladies chroniques, et elles ont le grave inconvénient d'amener l'intolérance. Celle-ci se reconnaît à la fièvre, dite thermale, à l'agitation qui s'empare des malades, au défaut d'appétit, à l'état saburral de la langue, à l'exacerbation des symptômes ou des douleurs, à la répugnance contre la médication. Force est alors d'interrompre le traitement et rarement peut-on le reprendre la même année avec des chances aussi favorables.

Les malades feront bien d'apporter avec eux de longues chemises ou des peignoirs en grosse flanelle, pour s'envelopper au sortir de la douche ou du bain. Les dames devront se munir d'un costume de bains de mer, afin de se baigner dans la piscine, bien préférable, sauf indications spéciales, à la baignoire.

« Il est difficile, dit le Dr Durand-Fardel, de demeurer dans une baignoire plus d'une heure ou deux. Ce n'est pas la solitude et l'ennui qui en sont la cause, c'est que l'immobilité, sans doute, à laquelle on est astreint, dispose singulièrement à la congestion cérébrale et ne manque guère d'amener, si la durée du bain est trop prolongée, au moins de la céphalalgie et des étourdissements. »

D'ailleurs, le règlement de l'établissement s'oppose à ce que l'on reste plus d'une heure dans les baignoires, et l'on reste tant que l'on veut à la piscine.

Les malades, — les rhumatisants surtout, — doivent être prévenus que l'amélioration de leur état pendant le séjour aux Eaux est exceptionnelle. Elle ne se prononce bien franchement que plus ou moins longtemps après. Quelquefois l'excitation thermale sulfureuse continue après la saison ; les sueurs se répètent, chez certains malades, avec une sorte de périodicité aux heures de l'étuve et de la douche. Ce n'est que lorsque ces phénomènes ont cessé que la guérison est obtenue.

En partant d'Aix, beaucoup de malades, surtout parmi les Parisiens, demandent à leur médecin s'ils peuvent aller à la mer. Nous laisserons le médecin leur répondre. Cela dépend, en effet, de plusieurs circonstances qui doivent être appréciées au moment même et par un homme compétent. L'époque à laquelle le voyage est projeté, la plage choisie, l'état de la température, l'affection pour laquelle les malades sont venus aux eaux, la manière dont ils ont supporté le traitement thermal, etc., etc., seront autant d'indices qui dicteront la décision du médecin consulté. La seule chose qu'il soit bon de consigner ici, c'est, qu'en général, il n'y a pas incompatibilité entre les Eaux d'Aix et, consécutivement, le séjour au bord de la mer.

Par malheur, les Parisiens, après être retournés nspecter leurs affaires ou leur maison, se dirigent du côté de la Manche, c'est-à-dire au nord. Il serait à coup sûr préférable pour la plupart d'entre eux, atteints de rhumatismes ou d'affections chroniques des muqueuses, de descendre à la Méditerranée et de s'arranger de façon à faire, dans le Midi, une cure de raisin. Encore une fois, c'est au médecin qui aura dirigé le traitement à leur indiquer ce qui convient le mieux.

CHAPITRE XI

La vallée.

Plusieurs chaînes secondaires des Alpes forment l'enceinte de la vallée d'Aix.

Afin de les désigner avec ordre, nous supposerons le spectateur placé sur la colline de Tresserve, qui se trouve à peu près au centre de la vallée, entre le lac et la ville.

A l'Est : grand massif calcaire des Beauges (*Bovillæ,* pays de bestiaux), coupé à pic comme une falaise, élevé au nord (le Revars) de 1,500 mètres, et au sud (Dent de Nivolet) de 1,558 mètres au-dessus de la mer. Plus bas, les collines de Trévignin, Pugny, Mouxy, Clarafond, Méry, Lemenc qui touche à Chambéry ; au-dessous encore, Biollay (la roche du Roi) au-dessous de Mouxy, et, en allant au nord : les côtes (Aix), Saint-Innocent-Thouvières, prolongement du Jura.

Au midi, les trois montagnes que l'on aperçoit sont, de gauche à droite : le Granier, Montagnole et Saint-Thibaud-de-Couz. Elles se réunissent à la base.

Sur un plan plus reculé, la chaîne de montagnes couvertes de neige qui ferme l'horizon appartient aux Grandes-Alpes ; ce sont les glaciers de la Maurienne (les Sept-Laux).

En continuant du midi à l'ouest jusqu'à la jonction

du lac et du Rhône, la suite des montagnes prend successivement les noms de : la Grotte, Aiguebelette, Bissy, la Motte, l'Épine, le Mont-du-Chat, Hautecombe et Chanaz.

Au nord, au-delà du Rhône, une ligne de montagnes dont la plus élevée est le Colombier, au-dessus de Culoz. Le Colombier fait partie d'une des grandes chaînes du Jura.

Le lac.

De la colline de Tresserve on domine tout le lac du Bourget, chanté par Lamartine. Ce lac a 23 kilomètres de longueur sur 5 kilomètres de largeur, et 110 mètres de profondeur près d'Hautecombe et du château de Bourdeau. Il est à 240 mètres environ au-dessus de la mer. (Celui de Genève est à 379 mètres, et celui d'Annecy à 454 mètres.)

On y pêche le lavaret, la truite, l'ombre-chevalier, le brochet, la brème, la lotte, la perche, l'anguille, l'alose et la carpe.

Il prend son nom du village du Bourget, situé à l'extrémité sud-ouest. On voit là encore les restes d'un château féodal, berceau d'Amédée V, dit le Grand (1272), l'un des plus illustres princes de la maison de Savoie. Antiquités romaines.

A l'ouest, en face de Tresserve, le *château de Bourdeau* appartient aux héritiers de M. Girod, premier président de la cour d'appel de Chambéry. C'était autrefois le rendez-vous de chasse des princes

Le lac du Bourget et l'abbaye de Hautecombe.

de la maison de Savoie. Vers la fin du xvie siècle, on y établit, dit Montaigne, une manufacture d'armes où se faisaient « des espées de grand bruit ».

Le château de Bourdeau servait à relier, comme point de défense, le château du Bourget, situé au midi, à celui de Châtillon, bâti à l'extrémité opposée, sur un mamelon qui émerge du lac. C'est à Châtillon que naquit le pape Célestin IV.

Au-dessus de Bourdeau, la Dent-du-Chat et, un peu au nord, le col du Mont-du-Chat, par lequel Deluc, s'appuyant sur la description de Polybe, prétend qu'Annibal entra dans les Alpes, l'an 217 av. J.-C., 534 de la fondation de Rome. Après avoir côtoyé la rive gauche du Rhône depuis Saint-Genix-d'Aoste, il vint camper à Saint-Paul-sur-Yenne, avec son armée composée de 32,000 fantassins, 8,000 cavaliers et 30 éléphants.

Plus tard, au temps de la domination romaine sur les Gaules, ce passage devint une des voies les plus fréquentées des Alpes-Cottiennes. On a construit, en 1825, dans la même direction, une magnifique route, dite route de France, allant de Chambéry à Belley.

Selon Rochex, le nom de Mont-du-Chat provient du mot *Caturigus*, dérivé de celui des premiers peuples qui habitèrent l'Allobrogie et appelés Caturiges. C'est, de toutes les étymologies proposées, la plus acceptable.

Entre Bourdeau et l'extrémité septentrionale du lac, on voit l'abbaye d'Hautecombe, lieu de sépulture des princes de la maison de Savoie, gardé par des moines de l'ordre de Citeaux, et fondé en 1125 par le comte Amédée III.

En 1796, on vendit à l'encan l'abbaye et ses dépendances; le monastère fut transformé en fabrique de faïence ; — il fut restauré en 1826 par le roi Charles-Félix.

Plusieurs abbés d'Hautecombe ont laissé un nom dans l'histoire; ce sont : Henri, l'adversaire des Albigeois, nommé cardinal évêque d'Albano, par le pape Alexandre III ; — le cardinal Farnèse, neveu du pape Paul III ; — le cardinal de Saint-Georges ; le cardinal de la Guiche, évêque d'Agde, ambassadeur d'Henri II, empereur d'Allemagne ; — Alphonse del Bene, évêque d'Alby, ami de saint François-de-Sales, auquel le roi conféra en 1572, le titre de sénateur, qui fut conservé par les abbés ses successeurs.

Deux papes en sortirent : Célestin IV en 1241, et Nicolas III en 1277.

A quinze minutes environ de l'abbaye, par un chemin charmant, que côtoie un ruisseau, et d'où l'on domine le lac, on se rend à la *fontaine intermittente*, dite *des merveilles*.

L'intermittence est due, selon toutes probabilités, à la disposition suivante : il existe, dans l'intérieur de la montagne un réservoir qui communique avec le bassin extérieur par un conduit recourbé en siphon. Quand ce siphon est amorcé, c'est-à-dire quand l'eau a rempli la partie supérieure de la courbure, le bassin extérieur se remplit, et le réservoir intérieur se vide, et, comme il se vide plus rapidement qu'il ne s'était rempli, il faut un certain temps, pour qu'il se remplisse de nouveau et qu'il amorce le siphon.

A l'extrémité nord-ouest du lac, le canal de Savières conduit au Rhône et au village de Chanaz, qui produit d'excellents vins blancs mousseux, analogues aux blanquettes de Limoux. Sur la rive orientale que longe le chemin de fer, est situé le joli village de Saint-Innocent, la baie de Grésine, le grand et le petit port d'embarquement d'Aix, et, au bas de Tresserve, le château de Bonport, ancienne habitation des ducs de Nemours, qui possédaient, aux siècles passés, de grandes propriétés sur les bords du lac.

Tous les dimanches, un grand bateau à vapeur, de la compagnie des Parisiens, de Lyon, fait le tour du lac et s'arrête une heure à Hautecombe. Billets, place Centrale; 2 et 3 francs, omnibus compris (aller et retour), départ entre midi et une heure.

Pendant la semaine, un autre bateau plus petit, « *la Ville d'Aix* », fait des promenades variées sur le lac. Bureau : place Centrale.

Le lac serait un des principaux agréments d'Aix et suffirait, à lui seul, pour rendre charmant le séjour de cette station, s'il était plus à portée des étrangers. Mais une distance de trois kilomètres le sépare de la ville; il faut prendre une voiture pour y aller. Si l'on fait une promenade en bateau, il faut que la voiture attende au rivage afin que l'on ne soit pas exposé à revenir à pied. Tout cela constitue une dépense devant laquelle on recule bien souvent.

Il serait très-désirable qu'il s'établît un service régulier d'omnibus faisant, deux ou trois fois par jour, le trajet de la ville au lac et retour.

CHAPITRE X

Les environs.

De quelque côté qu'on sorte d'Aix, on trouve des promenades agréables. Nous conseillons aux baigneurs de choisir, pour leurs exercices quotidiens, la plaine ou la colline de Tresserve tant que le soleil est au-dessus de l'horizon ; et la montagne derrière la ville, quand le soir est venu. Les prairies qui séparent la ville du lac et de Tresserve, sont marécageuses, et leur humidité n'est pas sans inconvénients aux approches de la nuit. Les grandes falaises des Beauges, en calcaire compacte, qui ont reçu toute la journée la chaleur du soleil, rayonnent au contraire le soir, et l'atmosphère, de ce côté, est douce et sèche. On n'a pas marché dix minutes dans cette direction que l'on découvre toute la vallée et le lac entouré de ses belles montagnes ; c'est un spectacle vraiment admirable et qu'on ne se lasse pas de contempler. Des routes à pentes très-douces plantées d'arbres et garnies de bancs conduisent à Notre-Dame-des-Eaux, au château Vignet, à Mouxy, ou bien à la Roche-du-Roi où étaient les carrières romaines. On peut hardiment aller devant soi et suivre l'impulsion de sa fantaisie ou du hasard. Partout on rencontrera des gens du pays, polis et complaisants, qui se feront un plaisir de donner les renseignements nécessaires pour le retour.

Cette considération nous dispense de mentionner avec détails les chemins qu'il convient de suivre. Outre qu'il est à peu près impossible de tracer clairement une route par écrit, ces indications minutieuses, qu'on ne songe d'ailleurs jamais à consulter au moment utile, sont superflues dans un pays où l'on ne peut s'égarer que de un kilomètre tout au plus.

Nous énumérerons donc simplement, d'une façon sommaire, les promenades des environs d'Aix.

Aux deux extrémités nord et sud de la ville, une avenue, ombragée de platanes, conduit à Tresserve. On peut aller par l'une et revenir par l'autre, soit à travers les prairies, soit en suivant un chemin très-frais, côtoyé par un ruisseau, au pied même de la colline. Si l'on gravit celle-ci, on trouvera, sur ses flancs ou à son sommet, des bois de châtaigniers et des chemins couverts d'arbres et de pampres comme des berceaux, de l'aspect le plus pittoresque. Au bout de la colline, du côté du nord, on fera une station sur le banc Lamartine, et l'on redescendra par le chemin qui passe au bas de la *maison du Diable,* ou par le petit village de Cornin. Enfin, entre la colline et le lac, on pourra suivre l'ancienne voie du chemin de fer Victor-Emmanuel, construite sur le lac même, et qui, aplanie, est devenue une promenade ravissante.

La route de Chambéry, au sud de la ville, conduit

à Marlioz et plus loin au Viviers ; en prenant l'un des chemins à gauche qui descendent de la montagne, on peut revenir par Méry, Clarafond, Drumettaz ou le village de Marlioz, situé derrière et au-dessus de l'établissement minéral. De là, aux carrières romaines ou à Mouxy.

En sortant d'Aix par la route de Genève, au nord, on va d'abord au Gigot, promenade officielle où se donnent les fêtes de la ville. Si l'on oblique à gauche, on s'engage dans la magnifique avenue, plantée de peupliers et de platanes, qui se prolonge jusqu'au lac ; — si l'on suit, au contraire, l'ancienne route de Genève, à droite, on arrive, après vingt minutes, au village de Saint-Simon, où jaillit la source magnésienne dont nous avons parlé. De Saint-Simon, on peut regagner, à gauche, la grande avenue du lac, en passant par le village de Lafin ; ou bien, traversant le chemin de fer d'Annecy, à droite, on regagne la ville par la tour Eustache, le hameau de Chantemerle, et le charmant village des Massonnats, situés sur la hauteur.

Plus loin, par la même route de Genève, à quatre kilomètres d'Aix, on visitera les cascades de Grésy (station du chemin de fer d'Annecy). Elles sont formées par la chute des eaux de la Daisse et du Sierroz se précipitant les unes contre les autres des bords escarpés de deux rochers qu'elles ont rongés et creusés de la façon la plus curieuse. Elles sont utilisées comme forces motrices au profit de moulins très-pittoresquement accrochés aux parois mêmes de l'antre qui résulte de l'écartement des roches.

Grâce aux aménagements dus à l'intelligent propriétaire actuel, M. Collomb, on peut visiter les cascatelles en tout temps et sans le moindre danger.

Un chemin, taillé dans le flanc du rocher, à droite, et auquel on arrive en traversant le moulin, permet de voir d'en bas les différentes chutes de l'eau après les avoir vues d'en haut, et aboutit à une grotte naturelle sur le bord du ruisseau.

Ce lieu serait tout à fait charmant s'il n'était attristé par un marbre funéraire élevé par les soins de la reine Hortense à la mémoire de madame de Broc, qui s'y noya en 1813.

Tout à côté de la stèle, sur la plate-forme des rochers qui domine le gouffre, coule une source ferrugineuse à laquelle se désaltèrent les visiteurs. Selon M. Pichon, d'Aix, elle doit être classée parmi les *Eaux ferrugineuses alcalines, bicarbonatées et crénatées froides.*

Un litre d'eau (1,000 grammes) contient :

Principes gazeux : quantités indéterminées :

Substances fixes.

Bicarbonate et crénate de fer.	0,031
Sels alcalins calcaires et magnésiens. . .	0,224
	0,275

Elle est abondante, fraîche, transparente, inodore et d'une saveur légèrement astringente.

Pour tout visiter, une rétribution de 50 centimes est exigée par personne.

ENVIRONS D'AIX-LES-BAINS.

Si l'on est allé en voiture à Grésy, après dîner, il faut se faire conduire jusqu'aux moulins de Prime, à 4 kilomètres plus loin. La route, à partir du village de Grésy, suit une gorge boisée admirable, au fond de laquelle coule le Sierroz. C'est l'affaire de deux heures et demie (aller et retour), y compris la visite aux cascades.

La tour carrée qui domine, à l'est, le village de Grésy est, selon quelques archéologues, une ancienne construction romaine ; selon d'autres, elle ne remonterait qu'au xii° siècle.

Enfin, si l'on sort de la ville du côté de la montagne, on trouve les routes en lacet dont nous avons déjà parlé et les chemins qui conduisent d'une part à Saint-Simon par le château Vignet, et la tour Eustache, ou par la maison de M. François, les Massonnats, etc. ; d'autre part, à Marlioz, par les carrières Romaines.

Des Massonnats on peut, en s'élevant davantage, gagner Pugny et Trévignin, où existe un châtaignier gigantesque.

En suivant la rue de Mouxy, qui commence dans Aix même, derrière l'établissement, on arrive, après trois quarts d'heure de marche, au village de ce nom où sont situées les fontaines d'eau potable qui alimentent la ville. Si l'on veut aller jusqu'au rocher de Saint-Victor, il faut, quand on a traversé le premier chemin qui coupe la route après l'Église, tourner à gauche et prendre tout de suite un sentier à droite. Au bout d'un quart d'heure environ, on gagne une châtaigneraie magnifique, régulièrement plantée comme le parc le mieux tenu, et d'où la vue est de toute beauté. A partir de cet endroit, on monte à travers des prairies jusqu'au rocher sous lequel passent les eaux minérales d'Aix. A cette hauteur commencent les sapins, et les botanistes y feront une abondante récolte d'échantillons de la Flore alpestre.

Avec un guide pris à Mouxy, il sera possible de monter au sommet des Beauges (trois heures et demie). On trouvera là des forêts de sapins et des pâturages immenses comparables à ceux de l'Oberland. Un hôtel y serait merveilleusement placé. On irait y faire des cures d'altitude et de petit lait.

Le sentier à peu près impraticable aujourd'hui, qui gravit la montagne, donnait autrefois passage aux mulets; d'importants travaux y ont été entrepris en 1876.

Actuellement, il n'existe sur ces hauteurs que quelques pauvres chalets; on fera bien d'emporter des provisions.

En redescendant par Mouxy, on suivra, entre ce village et la ville, le ruisseau et le petit vallon plein de fraîcheur au fond duquel il coule.

Une ascension que font bien plus fréquemment les étrangers, est celle de la Dent-du-Chat. Elle est cependant plus longue, plus dangereuse et moins intéressante que celle des Beauges. La meilleure manière de la faire est de partir le matin, en voiture découverte à deux chevaux et de contourner le lac par le Bourget. On monte au col du mont du Chat par l'ancienne route de France, qui mérite d'être vue, et, deux heures après le départ d'Aix, on arrive à la vacherie où l'on déjeûne avec les provisions qu'on a emportées ; puis on monte à la Dent, accompagné des guides qui se tiennent toujours à la disposition des voyageurs, et qui devraient bien occuper leurs loisirs à rendre les chemins plus praticables.

L'excursion à la grotte de Banges ne peut se faire qu'en voiture et demande au moins une demi-journée. Il faut emporter des torches afin d'éclairer la galerie de descente longue de 300 mètres, difficile, glissante, mal entretenue, et des feux de bengale qu'on mettra à flot sur le lac inexploré qui la termine.

La route est fort belle d'Aix à la Grotte. Elle passe à Grésy, aux moulins de Prime, à Cusy où l'on voit encore le puits dans lequel on jeta les pestiférés en 1401, aux Gorges-d'Enfer, au fond desquelles coule le Chéran, qui roule, dit-on, des paillettes d'or.

Dans une direction opposée, c'est-à-dire au midi de la ville, la visite aux châteaux de la Motte et de la Serraz sera le but d'une bonne promenade en voiture (8 kilom.). Le château de la Serraz est admirablement situé aux flancs de la montagne de l'Épine et domine le lac dans toute sa longueur. Une belle cascade tombe de la montagne à gauche de la grande avenue en terrasse du château. Si l'on construit un chemin de fer de Chambéry à Lyon, le mont de l'Épine sera traversé par un tunnel d'une étendue assez considérable.

La plupart des baigneurs vont visiter la *Grande-Chartreuse*. Le plus simple est de prendre, à quatre ou cinq personnes, une calèche attelée de deux bons chevaux et de partir le matin sur les 7 heures. On traverse Chambéry et l'on va déjeuner à Saint-Laurent-du-Pont. Là on quitte la voiture (c'est obligatoire), et l'on monte à pied ou à mulets la route extrêmement pittoresque de Saint-Laurent au Désert; à elle seule, elle vaut le voyage; ou bien on se fait monter par les voitures de la localité, on dîne et on couche au couvent. Les dames ont une hôtellerie particulière, servie par des religieuses. On est de retour le lendemain dans la journée (calèche, prix débattus, 60 fr. environ, tout compté. Voiture à Saint-Laurent, 4 fr. par place. Souper et coucher au couvent, 3. fr. 50 c. par tête).

Aux personnes qui préfèrent les chemins peu frayés, nous recommandons l'excursion à la Grande-Chartreuse par Saint-Pierre d'Entremont. Il faut aller coucher à Chambéry et partir le lendemain matin, soit à pied, soit à mulets, par les Charmettes, Montagnole, le Pas de la Fosse et le col du Frêne, à moins qu'on n'aime mieux passer par le Col de Lélia ou le col des Egaux. On trouvera dans le Guide Joanne (*Dauphiné — Savoie*) les instructions les plus précises sur les directions à suivre. Quelque itinéraire qu'on suive, le trajet ne dure pas moins de 8 heures.

Aux mêmes personnes, nous recommandons encore une promenade très-facile à faire entre le déjeuner et le dîner. De l'autre côté du lac, à mi-côte de la montagne, en face de Saint-Innocent, on aperçoit une chapelle sur un rocher et, derrière, quelques maisons au milieu d'un bouquet d'arbres : c'est le village de Grateloup. La meilleure manière d'y aller est de se faire conduire à Hautecombe, après déjeuner (1 h.), par un bateau à deux rameurs. Une fois débarqué, l'un des mariniers servira de guide, et, pendant que l'autre ramènera le bateau au château de Bourdeau, on fera le trajet par la montagne. On rentrera avant l'heure du dîner. On peut aussi se faire conduire à Hautecombe par le bateau à vapeur (0,20 min.) et regagner Bourdeau où l'on aura eu la précaution d'envoyer à une heure convenue un batelet pour la traversée de retour.

La compagnie des chemins de fer met à la disposition des voyageurs, ainsi que nous l'avons déjà dit, des billets (aller et retour) à prix réduits, pour Chambéry (7 départs par jour : trajet en 25 min.), et, pour Annecy (3 départs ; trajet 1 h. 40). Nous renvoyons, pour la description de ces deux villes, aux Guides de MM. Adolphe Joanne, Descottes et Jules-Philippe.

Nous prévenons seulement nos lecteurs que le bateau qui fait tous les jours le service du lac d'Annecy, chôme le premier vendredi et le premier samedi de chaque mois.

Nous les engageons, quand ils seront à Chambéry, à aller visiter la source de *Challes*, la plus minéralisée de toutes les eaux sulfureuses, et l'établissement de l'eau ferrugineuse de *la Bauche*. Quand ils iront du côté d'Annecy, ils devront visiter ;

1° *Le val du Fier* (s'arrêter à la station de Rumilly, prendre une voiture à l'Hôtel de la Poste et se faire conduire à Seyssel, d'où le chemin de fer revient à Aix par Culoz); — 2° les *galeries du Fier*,

inaugurées le 21 juillet 1869. Avant cette époque, dit
M. Ad. Joanne, aucun être humain n'avait osé péné-

Le val du Fier.

trer dans les *abimes du Fier;* on appelait ainsi cette
gorge inconnue. On s'y promène maintenant, en
toute sécurité, sur un pont latéral établi le long de

Annecy.

la paroi gauche, à 27 mètres environ au-dessus des basses eaux, mais à 1 mètre à peine au-dessus des hautes eaux, car le Fier y monte en temps d'orage, de 26 m. en 6 heures.

L'entrée de la galerie est à 400 mètres de la station de Lovagny (la dernière avant Annecy), dans le *bois du poète*, près d'un châlet-restaurant tenu par l'hôtel d'Angleterre, d'Annecy. Elle a 256 m. de longueur, et est bien supérieure à la merveille valaisanne des gorges du Trient. Elle n'est inférieure qu'à la gorge de la Tamina.

Le Fier prend sa source au mont Charvin, 2,020 m. d'élévation, passe à Manigod, à Thônes, à Saint-Clair, et reçoit l'écoulement du lac d'Annecy par le canal de Thioux. Il reçoit les eaux du Chéran et se jette dans le Rhône, en sortant des gorges, au-dessous du castel de Châteaufort, à une altitude de 246 mètres, après un parcours de 65 kilomètres

FIN.

TABLE

	Pages
Préliminaires	3

CHAPITRE Ier.

La Savoie	7
Position	7
Histoire	8
Géologie	13
Climat	14
Mœurs	14
Arrivée à Aix	15

CHAPITRE II.

La ville	17
Logement, nourriture	20
Hôtels	21
Pensions	23
Maisons particulières	23
Médecins	25
Pharmaciens	26
Sages-femmes	26
Gardes-malades	27

Poste aux lettres. 27
Télégraphe. 28
Moyens de transport 29
Règlement des cochers. 30
Tarif des voitures de place 31
Voitures faisant le service de la gare 32
Anes... 33
Bateaux 35
Portefaix. 38
Librairie, abonnement de lecture. 39
Bibliothèque, salon de lecture. 39
Articles de fantaisie, banques. 40
Agents d'affaires, vins, pianos. 40
Leçons de musique. Tirs 41
Services religieux 41
Théâtre 41
Casino. 41
Antiquités romaines, curiosités 43

CHAPITRE III.

Les eaux. 47

CHAPITRE IV.

L'établissement. 50
Règlement. 58
Tarifs. 61
Désidérata. 64
Sécheurs. 68
Honoraires. 69

CHAPITRE V.

L'hospice. 70

CHAPITRE VI.

Pages.
Marlioz.................... 70
Tarifs..................... 78

CHAPITRE VII.

Saint-Simon................. 79

CHAPITRE VIII.

De l'emploi des eaux............ 80
Conseils aux baigneurs........... 87

CHAPITRE IX.

La vallée................... 91
Le lac..................... 92

CHAPITRE X.

Les environs................. 97
Tresserve, banc Lamartine, maison du Diable, Cornin.................. 98
Gigot, Saint-Simon, Lafin, tour Eustache, Chantemerle, Massonnats, Grésy......... 99
Château Vignet, carrières romaines, maison François, Pugny, Trévignin, Mouxy, rocher de Saint-Victor, les Beauges............ 101
Dent du Chat................. 102
Grotte de Banges.............. 103
La Motte, la Serraz, Grande-Chartreuse...... 103
Grateloup, Annecy.............. 103
Challes, la Bauche, Le Fier......... 103

GRAVURES.

Vue de l'Établissement et de l'arc de Campanus.
Chalet de Marlioz.
Établissement de Marlioz.
Le lac et Hautecombe
Le val du Fier.
Annecy.

CARTE.

Aix et ses environs en tête du volume.

FIN DE LA TABLE.

Paris. — Typographie Georges Chamerot, rue des Saints-Pères, 19.

PUBLICITÉ
DES

GUIDES JOANNE

APPENDICE

1876-1877

Voir au verso la table des matières.

TABLE DES MATIÈRES

I. — RENSEIGNEMENTS INDISPENSABLES AUX VOYAGEURS

Pages.
- Livrets et Indicateurs Chaix. 4 et 5
- Collection des Guides et Itinéraires de Joanne...... 6 à 8
- Jardin d'Acclimatation....... 9
- Crédit Lyonnais.............. 10

Pages.
- Services des Chemins de fer............... 11 à 17
- Services et Compagnies maritimes............... 19 à 25
- Télégraphie................ 26

II. — PARIS ET VERSAILLES

- Maison de la Belle Jardinière................ 29
- Manby, tailleur............. 30
- Parfumerie Violet........... 31
- Le Grand-Hôtel......... 32 à 47
- Hôtels divers......... 48 et 49
- Café Riche........... 50 et 51
- Industries diverses...... 52 à 62
- Orfèvrerie Christofle......... 63
- Institution pour garçons...... 63
- Institutions de demoiselles.... 64
- Versailles................. 28

III. — FRANCE

- Arras et Boulogne-sur-Mer... 66
- Le Havre et Brest........... 66
- Blois, Tours et la ligne d'Orléans les Pyrénées......... 67 à 69
- Dijon, Mâcon, etc........... 70
- La Savoie et le Dauphiné. 71 à 78
- Vichy, centre de la France. 79 à 82
- Lyon................ 83 et 84
- Marseille............ 85 et 86
- Hyères, Cannes, Nice, Monaco................ 86 à 91
- Menton.................. 91
- Orezza.................. 92
- Fontarabie.............. 92

IV. — ÉTRANGER

- Londres................ 96
- Suisse............ 97 à 102
- Belgique et Hollande...... 102
- Italie............ 103 à 106
- Espagne................ 107
- Tunis.................. 107

V. — SUPPLÉMENT

Annonces non classées à leur ordre.

- Alcoolature d'Arnica des Frères Trappistes de Notre-Dame-des-Neiges......... 110
- Biphosphate de chaux des Frères Maristes de St-Paul-Trois-Châteaux........... 110
- Pharmacie Gaffard d'Aurillac. 110
- Musculine Guichon du monastère de N.-D.-des-Dombes. 111
- Chocolat Suchard, de Neuchâtel................ 112
- Parfumerie Violet........... 112

Appendice 1876-1877

I

RENSEIGNEMENTS INDISPENSABLES AUX VOYAGEURS

GUIDES, ITINÉRAIRES

ET INDICATEURS

JARDIN D'ACCLIMATATION

COMPAGNIES FINANCIÈRES

CHEMINS DE FER FRANÇAIS ET ÉTRANGERS

SERVICES MARITIMES

TÉLÉGRAPHIE

AVIS IMPORTANT

MM. A. CHAIX et Cᵉ rappellent que l'on trouve dans les Gares et les Librairies les Recueils suivants, seules Publications officielles des chemins de fer, paraissant depuis 30 ans, avec le concours et sous le contrôle des Compagnies.

1° Services Français et Étrangers.

LIVRET-CHAIX CONTINENTAL (31ᵉ année). **Guide officiel des Voyageurs** sur tous les Chemins de fer de l'Europe et les principaux Paquebots, avec douze Cartes spéciales, une Table et un Itinéraire alphabétiques évitant toute difficulté de recherches, publié sous le patronage des Compagnies.

Un volume in-18 (format de poche), paraissant le 1ᵉʳ de chaque mois.   Prix, 2 fr.

2° Services Français.

L'INDICATEUR DES CHEMINS DE FER (27ᵉ année). — Seul journal officiel contenant les services de tous les Chemins de fer, ainsi que leurs correspondances par diligences et par bateaux à vapeur, avec une Carte et une **Table alphabétique** évitant toute difficulté de recherches, publié avec le concours et sous le contrôle des Compagnies.

Paraissant tous les dimanches.   Prix, 50 centimes.

LIVRET-CHAIX SPÉCIAL POUR LA FRANCE. — **Guide officiel des Voyageurs** sur tous les Chemins de fer Français, avec les Cartes des cinq grands réseaux, publié sous le patronage des Compagnies.

Un volume in-18 (format de poche), paraissant le 1ᵉʳ de chaque mois.   Prix, 1 fr.

MM. les Voyageurs consulteront très-utilement, pour établir et suivre leur itinéraire, les **CARTES** extraites du grand Atlas des Chemins de fer, publié par MM. A. CHAIX ET Cᵉ.

Ces Cartes, tirées sur papier grand-aigle et parfaitement coloriées, contiennent toutes les lignes en exploitation, en construction ou à construire.

AUX VOYAGEURS

3° Services Français divisés par Réseau.

LIVRETS SPÉCIAUX des cinq grands Réseaux, contenant les services de chaque ligne, les correspondances internationales et la Carte des Réseaux, publiés avec le concours des Compagnies.

In-18 (format de poche), paraissant tous les mois.

Réseau du Nord et lignes en correspondance. Prix : 30 c.
— de l'Ouest   Id.   —   30
— de l'Est   Id.   —   30
— d'Orléans et du Midi   Id.   —   30
— de Paris-Lyon-Méditerranée Id.   —   30

LIVRET SPÉCIAL DU CHEMIN DE FER DE CEINTURE ET DU RÉSEAU DES ENVIRONS DE PARIS, avec dix plans coloriés : Chemin de Ceinture, Versailles, Bois de Boulogne, de Saint-Cloud et de Vincennes, Jardin d'acclimatation, Forêts de Saint-Germain, de Compiègne et de Fontainebleau, Carte générale des Environs de Paris. Publié avec le concours des Compagnies.

In-18 (format de poche), paraissant tous les mois. Prix : 1 fr.

INDICATEURS ILLUSTRÉS des cinq grands Réseaux contenant les services de chaque ligne et leurs correspondances, ainsi qu'un Guide historique et descriptif des principales localités de chaque Réseau, avec carte et gravures.

Format de l'Indicateur, paraissant tous les mois.

Réseau du Nord et lignes en correspondance. Prix : 30 c.
— de l'Ouest   Id.   —   30
— de l'Est   Id.   —   30
— d'Orléans et du Midi   Id.   —   30
— de Paris-Lyon-Méditerranée Id.   —   30

Nomenclature des Cartes :

France, — Europe, — Grande-Bretagne, Ecosse et Irlande, — Etats-Unis d'Amérique, — Russie, — Allemagne, — Italie, — Espagne et Portugal, — Algérie ; — Réseaux du Nord, — de l'Ouest, — d'Orléans, — du Midi, — de Lyon, — de l'Est, — Environs de Paris, — Plan de Paris.

Prix de chaque Carte : *En feuille*, 2 francs ; *franco*, 3 fr. 50 c. ; — collée sur toile avec étui, 4 fr. 50 ; — cartonnée et pliée, 2 fr. 50.

GUIDES & ITINÉRAIRES

POUR LES VOYAGEURS

COLLECTION

Publiée par la Librairie HACHETTE & Cie

SOUS LA DIRECTION DE

M. ADOLPHE JOANNE

Et constamment tenue à jour

I. GUIDES DIAMANT

Nouvelle Série de Guides portatifs

Contenant dans un petit format tous les renseignements nécessaires aux voyageurs.

Chaque volume est élégamment cartonné en percaline gaufrée.

Les touristes qui n'ont que peu de temps à donner à leurs excursions se plaignent parfois du poids et de la grosseur des Itinéraires. C'est pour eux que les Éditeurs de la collection des Guides-Joanne ont résolu de publier une seconde collection, dite des *Guides diamant*, qui contînt, sous la forme la plus commode, tous les renseignements pratiques indispensables aux voyageurs. Les Guides diamant, publiés sous la direction de M. Adolphe JOANNE, doivent être non les remplaçants, mais les auxiliaires des itinéraires dont ils renferment la substance. Ils peuvent être emportés facilement dans la poche la plus petite; et les touristes y trouvent toutes les indications désirables sur les distances, les localités dignes d'être visitées, les altitudes, les curiosités de l'art ou de la nature, enfin sur les hôtels et les moyens de transport.

FRANCE.

Biarritz	2 50	Dauphiné et Savoie	7 50
Bordeaux, Arcachon	2 50	Dieppe et le Tréport	2 50
Boulogne, Calais, Dunkerque	3 »	France	6 »
Bretagne	4 »	Hyères et Toulon	2 50

Collection Joanne (Suite).

Le Havre, Fécamp, etc.	3 »	Paris, en anglais	3 »
Lyon et ses environs	3 »	Paris, en espagnol	3 »
Marseille et ses environs	3 »	Paris, en allemand	3 »
Mont-Dore (le), Clermont, etc.	3 »	Stations (les) d'hiver de la Méditerranée	3 50
Nice, Cannes, etc.	2 50		
Normandie	4 »	Trouville	3 »
Pyrénées	5 »	Vichy et ses environs	2 50
Paris, en français	3 50	Vosges et Ardennes	3 »

ÉTRANGER.

Bade et la Forêt-Noire	3 »	Londres	5 »
Baden and the Black Forest	3 »	Paris à Vienne (de)	4 »
Belgique et Hollande	5 »	Rome et ses environs	5 »
Espagne et Portugal	4 »	Spa et ses environs	2 50
Italie et Sicile	4 »	Suisse	6 »

II. GUIDES GRAND FORMAT

CHAQUE VOLUME EST ÉLÉGAMMENT RELIÉ

1° Guides pour la France et l'Algérie.

Itinéraire général de la France, par A. JOANNE :		Guide du voyageur en France, par RICHARD; 27e édit., entièrement refondue	12 »
I. Paris illustré	12 »		
II. Environs de Paris illustrés	9 »	Versailles, par JOANNE	3 »
		Le même traduit en anglais	3 »
III. Bourgogne, Fr.-Comté, Savoie	8 »	Fontainebleau, par JOANNE	3 »
		La Corse, par L. DE SAINT-GERMAIN	6 »
IV. Auvergne, Morvan, Velay, Cévennes	10 »	Pau, par B. DE LAGRÈZE	3 50
V. Loire et Centre	12 »	Plombières, par LEMOINE et LHÉRITIER	4 50
VI. Pyrénées	12 »		
VII. Bretagne	10 »	Les Villes d'hiver de la Méditerranée, par EL. RECLUS	7 »
VIII. Normandie	10 »		
IX. Le Nord	8 »		
X. Vosges et Ardennes	11 »	L'Algérie, par PIESSE	12 »

2° Itinéraires illustrés des Chemins de fer Français.

De Paris à Strasbourg et à Bâle	5 »	De Lyon à la Méditerranée	5 »
		De Paris à la Méditerranée	9 »
De Paris à Mulhouse et à Bâle	4 50	De Bordeaux à Toulouse, à Cette et à Perpignan	4 50
De Paris à Lyon	5 »	De Bordeaux à Bayonne	3 50

Collection Joanne (Suite).

De Paris à Boulogne	5 »	De Paris à Sceaux et à Orsay	1 25
De Paris à Bruxelles et à Cologne	3 50	De Paris à Rouen et au Havre	4 50
De Paris à Bordeaux	4 50	De Paris à Rennes et à Alençon	4 50
De Paris à Agen	5 »	De Paris à Cherbourg	4 50
De Paris à Nantes et à Saint-Nazaire (par Orléans)	5 »	De Paris à Nantes, par le Mans	4 50
De Nantes à Brest	4 50	De Paris à Saint-Germain	2 50
De Poitiers à la Rochelle, à Rochefort et à Royan	3 50	De Rennes à Brest et à Saint-Malo	4 50

3° Guides et Itinéraires pour les pays étrangers.

ALLEMAGNE ET BORDS DU RHIN.

Allemagne du Nord, par Ad. Joanne................ 12 »
Les bords du Rhin illustrés, par le même........... 7 »
Les trains de plaisir des bords du Rhin, par le même................ 4 »

ANGLETERRE.

Itinéraire descriptif et historique de la Grande-Bretagne, par Al. Esquiros. 16 »

BELGIQUE ET HOLLANDE.

Itinéraire descriptif, historique, artistique et industriel de la Belgique, par A. J. Du Pays........ 8 »
Itinéraire descriptif, historique et artistique de la Hollande, par le même.. 6 »

EUROPE ET RUSSIE.

Guide du Voyageur en Europe, par A. Joanne... 22 »
Les bains d'Europe, par A. Joanne et Le Pileur... 10 »
La Russie, par F. Bastin.. 12 »

ESPAGNE ET PORTUGAL.

Itinéraire descriptif, historique et artistique de l'Espagne et du Portugal, par A. Germond de Lavigne................ 18 »

ITALIE.

Itinéraire descriptif, historique et artistique de l'Italie et de la Sicile, par A. J. Du Pays :
  Italie du Nord. 1 vol. 12 »
  Italie du Sud. 1 vol... 12 »

ORIENT.

Itinéraire de l'Orient, par M. Isambert :
1re partie. *Grèce et Turquie d'Europe*......... 25 »
2e partie. *Égypte, Syrie, Palestine et Turquie d'Asie* (sous presse).

SUISSE.

Itinéraire descriptif et historique de la Suisse, par A. Joanne. 1 vol. illustré 12 »
Guide illustré du Voyageur en Suisse et à Chamonix, par A. Joanne. 1 vol. ill. 5 »

JARDIN ZOOLOGIQUE D'ACCLIMATATION

DU BOIS DE BOULOGNE (PORTE DES SABLONS)

Est ouvert tous les jours au Public.

TARIF D'ENTRÉE

PRIX D'ENTRÉE : 1 fr.; Dimanches, 50 c.; Voitures, 3 fr.
ABONNEMENTS A L'ANNÉE : Hommes, 25 fr.; Femmes et enfants, 10 fr.; Voitures, 20 fr.

COLLECTION DES ANIMAUX UTILES DE TOUS LES PAYS

ET EN PARTICULIER DE CEUX QUE L'ON CHERCHE A ACCLIMATER EN FRANCE

Les Éléphants, Dromadaires, Autruches et Poneys sont employés chaque jour à la promenade des enfants.

Le Jardin d'Acclimatation vend et achète des Animaux.
S'adresser aux Bureaux de l'Administration (près de la porte d'entrée).

MOYENS DE TRANSPORT

1° Par le chemin de fer de l'Ouest (gare Saint-Lazare). Descendre à la station de la Porte Maillot.
2° Par les Omnibus de l'Hôtel de Ville à la Porte Maillot;
3° Par les Tramways de l'Arc de Triomphe à Neuilly;
4° Par les Voitures de place et de remise, au prix du tarif fixé par la Préfecture et indiqué sur le bulletin délivré au Voyageur. — Pour ne payer que le prix de Paris, il faut quitter la voiture avant de passer les fortifications.

CONCERTS

Les Jeudis et Dimanches, à 3 heures (avril à septembre). — Les jours de Concerts, l'Administration met à la disposition du Public des **Omnibus spéciaux**. — Prix de la place : 1 fr.
On peut retenir ses places à l'avance aux Bureaux de la Compagnie générale des Omnibus, **8, boulevard des Italiens** et **rue Bailleul** (cour d'Aligre), près la rue du Louvre.
POUR LE RETOUR A PARIS, on peut retenir des places au Bureau spécial des Omnibus, situé à l'intérieur du Jardin.

LIBRAIRIE

La Librairie spéciale du Jardin d'Acclimatation met en vente les Publications relatives à l'Histoire naturelle appliquée, à la culture des animaux et des plantes.

AVIS

Les Catalogues publiés par le Jardin d'Acclimatation sont envoyés *franco* en réponse à toute demande. (Catalogue des animaux, Catalogue du Chenil, Catalogue des Plantes, Catalogue des vignes et Catalogue de la Librairie.)

CRÉDIT LYONNAIS

SOCIÉTÉ ANONYME

Capital : **CINQUANTE MILLIONS**

Maisons à
- **LYON**, palais du Commerce ;
- **PARIS**, boulevard des Capucines, 6 ;
- **MARSEILLE**, place Royale, 1 ;
- **SAINT-ÉTIENNE**, place de l'Hôtel-de-Ville, 7 ;
- **GRENOBLE** ;
- **MACON** ;
- **LONDRES**, Lombard street, 29.

Le CRÉDIT LYONNAIS fait toutes les opérations d'une maison de Banque.

Il émet **des lettres de crédit** et **des mandats** sur toutes les villes de la France et de l'étranger.

Il ouvre **des comptes de dépôt sans commission**.

Il délivre **des bons à échéance** ou reçoit **des dépôts à échéance** fixe dont **l'intérêt, plus élevé** que celui des comptes de dépôt, varie suivant la durée des placements.

Il reçoit **gratuitement** en dépôts **les titres** de ses clients ; il en encaisse **les coupons** et en porte d'office le montant au crédit des déposants dans un compte productif d'intérêts.

Il exécute **les ordres de bourse**.

Il se charge de toute **régularisation** de titres, remboursement d'obligations, versements en retard, souscriptions, conversions, transferts, échanges, renouvellements, etc., etc.

Écrire au **CRÉDIT LYONNAIS**, 6, *boulevard des Capucines, Paris.*

CHEMIN DE FER DE PARIS A LYON ET A LA MÉDITERRANÉE

VOYAGES CIRCULAIRES DE PLAISIR
A PRIX RÉDUITS
DE PARIS EN SUISSE ET RETOUR A PARIS

Saison de 1876 pendant le Service d'Été.

BILLETS DE 1re ET DE 2e CLASSES

Chaque billet donne droit au transport gratuit de 30 kil. de bagages.

PRIX DES BILLETS, VALABLES PENDANT UN MOIS :
1re classe............... 122 fr. 50 | 2e classe................ 91 fr. 25
PRIX DES BILLETS, VALABLES PENDANT DEUX MOIS :
1re classe............... 134 fr. 75 | 2e classe................ 100 fr. 35

1er *itinéraire* (1) : Fontainebleau, Dijon, Pontarlier, Dôle, Neuchâtel, Bienne, Berne, Fribourg, Lausanne, Genève, Culoz, et retour à Paris par Mâcon et Dijon.

2e *itinéraire* (1) : Fontainebleau, Dijon, Mâcon, Culoz, Genève, Lausanne, Fribourg, Berne, Bienne, Neuchâtel, et retour à Paris par Pontarlier, Dôle et Dijon.

Ces billets sont délivrés à la Gare, boulevard Mazas, à Paris, où l'on peut s'en procurer.

Les billets donnent aux voyageurs la faculté de s'arrêter dans les villes de Dijon, Dôle, Mâcon, Neuchâtel, Bienne, Berne, Fribourg, Lausanne et Genève, et leur permettent, par conséquent, d'en visiter les environs et d'explorer la Suisse et la Savoie.

LIEUX REMARQUABLES A VISITER :

VILLES. — Fontainebleau, Dijon, Dôle, Pontarlier, Neuchâtel, Bienne, Soleure, Zurich, Lucerne, Weggis, Fluelen, Altorf, Brienz, Sarnen, Interlaken, Thoune, Berne, Fribourg, Lausanne, Chillon, Genève, Evian, Sallanches, Martigny, Annecy, Chambéry, Aix-les-Bains, Haute-Combe, Mâcon, etc., etc.

CHUTES ET CASCADES. — Reichenbach, Glessbach, Staubbach, Handeck, Bérard, Barberine, Grésy, Pissevache, etc., etc.

GLACIERS. — Rosenlaui, Grindelwald, Trient, Rhône, Furca, Tactonnay, les Bossons, l'Argentière, Mer de Glace, etc., etc.

LACS. — Neuchâtel, Bienne, Zurich, Quatre-Cantons, Sarnen, Brienz, Thoune, Genève, le Bourget, Annecy, etc., etc.

FLEUVES ET TORRENTS. — Le Rhône à sa sortie du lac de Genève et sa perte à Bellegarde ; l'Aar, la Lütschine, le Weissbach, la Reuss, l'Arve, le Fier, et ses gorges, etc., etc.

MONTAGNES. — Weissensten, Righi, Pilate, Saint-Gothard, Col du Brünig, Faulhorn, Grande, Scheideck, Wetterhorn, Mettenberg, Eiger, Jungfrau, Col de Balme, Mont-Blanc, la Dent du Chat, etc., etc.

VALLÉES. — Travers, Goldau, Grindelwald, Lauterbrunnen, Halsi, Oxenthal, Madéran, Chamonix, etc., etc.

(1) Chaque voyageur est tenu de faire connaître l'itinéraire de son choix en prenant son billet de voyage circulaire.

CHEMINS DE FER DE L'OUEST

SAISON DE 1876

BAINS DE MER

BILLETS D'ALLER ET RETOUR A PRIX RÉDUITS
Valables du SAMEDI au LUNDI inclusivement
à dater du 15 Mai.

DE PARIS A	1re classe		2e classe	
	fr.	c.	fr.	c.
DIEPPE — Le Tréport, Criel............................	30	»	22	»
MOTTEVILLE — Saint-Valery-en-Caux, Veules..				
YVETOT — Veulettes.................................				
LE HAVRE — Sainte-Adresse........................	33	»	24	»
LES IFS — Etretat...................................				
FÉCAMP — Yport, Etretat, les Petites-Dalles...				
TROUVILLE-DEAUVILLE — Villerville, Villers-sur-Mer, Houlgate, Beuzeval, Cabourg, Le Home-Varaville.....................................	33	»	24	»
HONFLEUR...				
CAEN — Lion-sur-Mer, Luc, Langrune, Saint-Aubin, Bernières, Courseulles...................	40	»	30	»
BAYEUX — Arromanches, Port-en-Bessin, Asnelles	44	»	33	»
ISIGNY — Grandcamp, Sainte-Marie-du-Mont..				
VALOGNES — Port-Bail, Carteret, Quinéville,	50	»	38	»
Saint-Vaast-de-la-Hougue	55	»	42	»
CHERBOURG	49	50	38	50
GRANVILLE — Saint-Pair............................				
SAINT-MALO-SAINT-SERVAN — Dinard-Saint-Enogat, Paramé..................................	66	»	49	50
LE TRÉPORT, par Serqueux et Abancourt (à partir du 1er juillet seulement).....................	33	20	»	»
EAUX THERMALES				
FORGES-LES-EAUX (Seine-Inférieure), ligne de Dieppe par Gournay.............................	21	50	16	»
BAGNOLLES-DE-L'ORNE (1), par Briouze et Laferté-Macé..	46	»	35	»

DÉPART par tous les trains du SAMEDI et du DIMANCHE.
Retour par tous les Trains du DIMANCHE et du LUNDI.

NOTA. — Les prix ci-dessus ne s'appliquent qu'au parcours en chemin de fer. Les billets de 2e classe ne sont admis que dans les trains qui comportent des voitures de cette classe.

(1) Ces prix comportent le parcours total.

Voir d'autre part les renseignements.

CHEMIN DE FER DU NORD
Saison d'Été 1876
VOYAGES CIRCULAIRES A PRIX RÉDUITS

1° Pour visiter
LA HOLLANDE, LA BELGIQUE ET LE RHIN
AVEC RETOUR AU POINT DE DÉPART

Billets de 1re classe valables pendant un mois.

Au prix de 123 fr.

Itinéraire : Paris, Amiens, Douai, Valenciennes, Quiévrain, Mons, Bruxelles, Anvers, Bréda, Dordrecht, Rotterdam, Delft ou Gouda, La Haye, Leyde, Haarlem, Amsterdam, Utrecht, Arnheim, Clèves ou Emmerich ou Venlo, Cologne, Aix-la-Chapelle, Verviers, Spa, Liége, Huy, Namur, Charleroi Saint-Quentin et Paris, ou *vice versâ.* — Arrêt facultatif dans toutes les gares et stations comprises dans l'itinéraire (*). *Transport gratuit de 25 kilogr. de bagages.*

2° Pour visiter
LE NORD DE LA FRANCE ET LA BELGIQUE

Billets valables pour un mois.

1re classe : 88 fr. 50. — 2° classe : 66 fr. 75

Itinéraire : Paris, Amiens, Douai, Lille, Courtrai, Gand, Bruges, Ostende, Bruxelles, Malines, Anvers, Louvain, Liége, Spa, Huy, Namur, Charleroi, Saint-Quentin, Compiègne, Chantilly et Paris, ou *vice versâ.* — Arrêt facultatif dans toutes les gares et stations comprises dans l'itinéraire (*). — *Transport gratuit de 25 kilogr. de bagages.*

3° Pour visiter
LES BORDS DU RHIN

Billets de 1re classe valables pendant un mois.

Au prix de 147 fr. 50

Itinéraire : Paris (Nord), Amiens, Douai, Valenciennes, Bruxelles, Liége (ou Paris, Saint-Quentin, Charleroi, Namur, Liége), Spa, Aix-la-Chapelle, Cologne, Bonn, Coblentz, Saint-Goar ou Ems, Wiesbaden, Bingen ou Rudesheim, Mayence ou Wiesbaden, Francfort, Darmstadt, Mannheim, Friedrichsfeld, Heidelberg, Carlsruhe, Baden-Baden, Kehl, Strasbourg, Nancy et Paris (Est), ou *vice versâ.* — Arrêt facultatif dans toutes les gares et stations comprises dans l'itinéraire (*). — *Transport gratuit de 25 kilogr. de bagages.*

(*) Consulter les affiches spéciales de la Compagnie du Nord pour les dates d'émission et de cessation des billets ci-dessus.

CHEMINS DE FER DE L'EST

PROMENADES A PRIX RÉDUITS dans la **VALLÉE de la Meuse**, au départ d'Épernay, Reims, Rethel, Sedan et Charleville à Givet et retour (*du 1er mai au 15 octobre*). — Billets aller et retour valables du samedi ou de la veille des jours de fête, *dans l'après-midi*, au lundi matin ou ou lendemain des jours de fête dans les trains partant dans la matinée, *jusqu'à midi*.

Ces billets donneront aux voyageurs la faculté de descendre à l'une quelconque des stations comprises entre Charleville et Givet et de reprendre le chemin de fer à une autre station. Ils seront valables dans tous les trains ayant des voitures de la classe qu'ils comportent. — Départ d'Epernay, à 4 h. 13 soir. — Départ de Reims, à 5 h. 20 soir. — De Rethel, à 6 h. 45 soir. — Départ de Sedan, à 6 h. 10 soir. — Départ de Charleville, à 2 h. 30 soir. — *Prix des billets aller et retour*: d'Epernay 1re cl., 13 fr.; — 2e cl., 9 fr.; — 3e cl., 7 fr. — De Reims, 1re cl., 10 fr.; — 2e cl., 8 fr.; — 3e cl., 6 fr. — De Rethel, 1re cl., 8 fr.; — 2e cl., 6 fr.; — 3e cl., 4 fr. — De Sedan et Charleville, 1re cl., 7 fr.; — 2e cl., 5 fr.; — 3e cl., 3 fr.

PARIS BALE. Pendant la saison d'Été, *du 15 mai au 15 octobre*, la Compagnie fait délivrer à la gare de Paris des billets de **PARIS A BALE** et retour, valables pendant un mois, au prix de : 1re cl., 108 fr. 20 c.; — 2e cl., 79 fr. 65 c.

VOYAGES CIRCULAIRES A PRIX RÉDUITS pour visiter les bords du **RHIN** et de la **BELGIQUE**. — Billets valables pendant un mois avec séjour facultatif dans les principales villes du parcours. Prix du billet de 1re classe, 140 fr. 40. — Départ de Paris par la ligne de l'Est et retour par la ligne du Nord (par Bruxelles et Valenciennes ou par Namur et Saint-Quentin) ou réciproquement. — Les voyageurs ont droit au transport de 25 kilog. de bagages sur tout le parcours.

La délivrance des billets commence le 1er juin et cesse le 30 septembre.

VOYAGES CIRCULAIRES A PRIX RÉDUITS pour visiter l'**EST** de la **FRANCE**, la **SUISSE CENTRALE** (Oberland bernois) et le **LAC DE GENÈVE**. — Billets valables pendant un ou deux mois avec séjour facultatif dans les principales villes du parcours. — *Prix des billets* : Billets valables pendant un mois : 1re classe, 149 fr. 85. — 2e classe, 116 fr. — Billets valables pendant deux mois : 1re classe, 163 fr. 35 c. — 2e classe, 126 fr. 10 c. — Départ de Paris par la ligne de l'Est et retour par celle de Paris-Lyon-Méditerranée ou réciproquement. — Les voyageurs ont droit au transport gratuit de 25 kilogrammes de bagages sur tout le parcours.

La délivrance des billets commence le 1er juin et cesse le 30 septembre pour les billets d'un mois et le 31 août pour les billets de deux mois.

VOYAGES CIRCULAIRES A PRIX RÉDUITS pour visiter le **NORD-EST** de la **SUISSE** et le **GRAND-DUCHÉ DE BADE**. — Billets valables pendant un mois avec séjour facultatif dans les principales villes du parcours. — *Prix des billets* : 1re classe, 167 fr. 45 c.; — 2e classe, 123 fr. 70 c. — Départ de Paris par la ligne de Mulhouse et retour par celle de Strasbourg ou réciproquement. — Les voyageurs ont droit au transport gratuit de 25 kilog. de bagages sur tout le parcours.

La délivrance des billets commence le 1er juin et cesse le 30 septembre.

CHEMINS DE FER DU MIDI

VOYAGES DE PLAISIR A PRIX RÉDUITS
AUX PYRÉNÉES

Billets de 1re classe délivrés du 15 mai au 10 octobre 1874, et valables pendant 20 jours, avec faculté d'arrêt dans toutes les stations du parcours.

Prix : 75 francs.

Le billet est personnel; le voyageur est tenu d'y apposer sa signature au moment de la délivrance et de la reproduire toutes les fois qu'il en est requis.

Au-dessous de 3 ans les enfants sont transportés gratuitement et doivent être placés sur les genoux des personnes qui les accompagnent, de 3 à 7 ans, ils paient demi-place, au-dessus de 7 ans, ils paient place entière.

INDICATION DES PARCOURS
ET DÉSIGNATION DES STATIONS DE DÉLIVRANCE DES BILLETS.

Premier parcours : Bordeaux, Agen, Montauban, Toulouse, Montréjeau, Luchon, Tarbes, Bagnères-de-Bigorre, Mont-de-Marsan, Arcachon.

Deuxième parcours : Bordeaux, Agen, Montauban, Toulouse, Montréjeau, Luchon, Tarbes, Bagnères-de-Bigorre, Pierrefitte, Pau, Bayonne, Dax, Arcachon.

Le voyageur qui passe par Mont-de-Marsan perd tout droit de parcours entre Tarbes, Pau, Bayonne, Dax et Morcenx. Celui qui passe par Pau, Bayonne et Dax perd tout droit de parcours entre Tarbes, Mont-de-Marsan et Morcenx. Le parcours Pau, Bayonne, Dax, peut être remplacé par le parcours Pau, Mimbaste, Dax.

Le voyage peut s'effectuer pour le premier parcours :

De l'une quelconque des dix stations indiquées sur ce premier parcours.

Pour le deuxième parcours :

De l'une quelconque des treize stations indiquées sur ce deuxième parcours.

Et pour les deux parcours, dans l'une quelconque des deux directions qui peuvent être suivies à partir de la station de départ.

NOTA. — Le voyageur peut s'arrêter à toutes les stations du réseau situées sur celui des deux parcours circulaires qu'il a choisi, à la seule condition de faire estampiller son billet au départ de chaque station d'arrêt.

OBSERVATIONS. — Le prix de 75 francs s'applique indistinctement au premier ou au deuxième parcours.

Les frais des excursions en dehors des itinéraires ci-dessus, restent à la charge des voyageurs.

Bagages. — Le voyageur qui a acquitté le prix de 75 francs ci-dessus à droit au transport gratuit, sur le chemin de fer, de 30 kilog. de bagages; cette franchise ne s'applique pas aux enfants transportés gratuitement, et elle est réduite à 20 kilog. pour les enfants transportés à moitié prix. Les excédants de bagages sont taxés d'après le Tarif général de la Compagnie.

Pour chaque partie du parcours, les bagages sont enregistrés à chaque point de départ. Ils peuvent être expédiés à l'avance sous condition de paiement du droit accessoire de dépôt, d'après le Tarif général de la Compagnie.

Société Impériale et Royale

DES

CHEMINS DE FER DU SUD DE L'AUTRICHE

L'Agence commerciale de la Société Impériale et Royale des Chemins de fer du Sud de l'Autriche, **à Strasbourg, rue du Tribunal, 2,** délivre les Billets suivants à prix réduits :

	A. BILLETS A COUPONS POUR VOYAGES DIRECTS	FRANCS	
		1re classe.	2e classe.
		fr. c.	fr. c.
1.	Strasbourg-Innsbruck..................	81 60	60 70
2.	Strasbourg-Boxen.....................		74 60
3.	Strasbourg-Trieste, *via* Franzensfeste-Marbourg.........................	100 15 162 25	120 40
4.	Strasbourg-Trieste, *via* Pori-Cormons....	170 85	126 60
5.	Strasbourg-Vérone....................	121 75	99 75
6.	Strasbourg-Venise....................	138 95	103 25
7.	Strasbourg-Bologne...................	137 75	102 15
8.	Strasbourg-Brindisi...................	223 70	162 25
9.	Strasbourg-Florence..................	152 •	112 50
10.	Strasbourg-Gênes....................	160 45	117 95
11.	Strasbourg-Turin.....................	158 25	116 45
12.	Strasbourg-Milan.....................	141 25	104 60
13.	Strasbourg-Rome, *via* Foligno.........	196 15	145 15
14.	Strasbourg-Rome, *via* Falconara.......	194 50	141 65
15.	Strasbourg-Naples, *via* Foggia........	219 65	159 40
16.	Strasbourg-Naples, *via* Rome.........	230 40	166 65

BILLETS DE VOYAGES CIRCULAIRES

Pour l'Allemagne du Sud
et pour l'Allemagne du Sud et l'Italie.

61. Strasbourg, Carlsruhe, Stuttgard, Munich, Innsbruck, Villach, Marburg, Graz, Vienne, Passau, Würzbourg, Carlsruhe, Strasbourg. — 2e classe : **141** fr. **85** c.

62. Strasbourg, Wissembourg, Heidelberg, Nüremberg, Vienne, Graz, Villach, Inssbruck, Munich, Stuttgart, Carlsruhe, Strasbourg. — 2e classe : **143** fr. **70** c.

Chemins de fer du Sud de l'Autriche (suite).

63. Strasbourg, Wissembourg, Carlsruhe, Stuttgart, Munich, Innsbruck, Vérone, Turin, Gênes, Bologne, Florence, Venise, Trieste, Graz, Vienne, Passau, Würzbourg, Carlsruhe, Strasbourg. — 1re classe : **326** fr. **80** c. — 2e classe : **222** fr. **35** c.

63 a. Strasbourg, Wissembourg, Carlsruhe, Stuttgart, Munich, Innsbruck, Vérone, Venise, Trieste, Graz, Vienne, Passau, Nüremberg, Würzbourg, Carlsruhe, Strasbourg. — 1re classe : **259** fr. **90** c. — 2e classe : **171** fr. **75** c.

64. Strasbourg, Carlsruhe, Stuttgart, Munich, Innsbruck, Franzensfeste, Lienz, Klagenfurt, Graz, Vienne, Salzbourg, Munich, Lindau, Schaffouse, Bâle, Strasbourg. — 2e classe : **149** fr. **15** c.

65. Strasbourg, Wissembourg, Worms, Mayence, Francfort, Aschaffenbourg, Würzbourg, Munich, Innsbruck, Franzensfeste, Lienz, Klagenfurt, Graz, Vienne, Salzbourg, Munich, Stuttgart, Carlsruhe, Strasbourg. — 2e classe : **154** fr. **85** c.

67. Strasbourg, Wissembourg, Carlsruhe, Stuttgart, Munich, Innsbruck, Franzensfeste, Lienz, Klagenfurt, Laibach, Trieste, Venise, Vérone, Innsbruck, Munich, Stuttgart, Carlsruhe, Strasbourg. — 1re classe : **244** fr. **25** c. — 2e classe : **161** fr. **30** c.

68. Strasbourg, Wissembourg, Carlsruhe, Stuttgart, Munich, Innsbruck, Franzensfeste, Lienz, Klagenfurt, Laibach, Trieste, Venise, Bologne, Florence, Bologne, Gênes, Turin, Milan, Vérone, Innsbruck, Munich, Stuttgart, Carlsruhe, Strasbourg. — 1re classe : **311** fr. **15** c. — 2e classe : **211** fr. **90** c.

69. Strasbourg, Colmar, Bâle, Constance, Lindau, Munich, Innsbruck, Vérone, Venise, Trieste, Graz, Vienne, Nüremberg, Würzbourg, Aschaffenbourg, Worms, Landau, Wissembourg, Strasbourg. — 1re classe : **273** fr. **45** c. — 2e classe : **185** fr. **50** c.

70. Strasbourg, Colmar, Bâle, Constance, Lindau, Munich, Innsbruck, Vérone, Milan, Turin, Gênes, Bologne, Florence, Padoue, Venise, Trieste, Graz, Vienne, Nüremberg, Würzbourg, Aschaffenbourg, Mayence, Worms, Ludwigshafen, Wissembourg, Strasbourg. — 1re classe : **344** fr. **40** c. — 2e classe : **236** fr. **10** c.

La Société des Chemins de fer du Sud de l'Autriche, ainsi que son Agence à **STRASBOURG, 2, rue du Tribunal**, délivre des Programmes au prix de 15 centimes la pièce, dans lesquels sont contenus de plus amples détails.

Outre ceux pour les Voyages circulaires ci-dessus désignés, on peut encore obtenir à l'Agence de Strasbourg des Billets pour d'autres Voyages circulaires désignés dans les programmes.

ROYAL MAIL STEAM PACKET COMPANY

COMPAGNIE ROYALE DES PAQUEBOTS-POSTE ANGLAIS

SERVICE RÉGULIER DE SOUTHAMPTON

D'après contrat avec le gouvernement de Sa Majesté.

Le 2 de chaque mois, pour : *les Antilles, Porto Rico, Porto Plata, San Domingo, Port-au-Prince, la Havane (Cuba), Mexico, Savanilla, Colon (Aspinwall), Panama, Amérique Centrale, Océan pacifique du Sud, Océan pacifique du Nord, San Francisco, île Vancouver, Japon et Chine.*

Le 9 de chaque mois, pour: *Lisbon, Saint-Vincent (Cape de Verd), Pernambuco, Bahia, Rio de Janeiro, Monte-Video, Buenos-Ayres.*

Le 11 de chaque mois, pour : *La Barbade, Saint-Lucia, Saint-Vincent, Grenada, La Trinité, La Guayra, Curacoa, Savanilla, Carthagena, Colon.*

Le 17 de chaque mois, pour: *les Antilles, Porto Rico, Porto Plata, San Domingo, Jacmel, Belize, Port Limon, Grey Town, Colon (Aspinwall), Panama, Amérique Centrale, Océan pacifique du Nord, Océan pacifique du Sud, San Francisco, île Vancouver, Japon et Chine.*

Le 24 de chaque mois, pour : *Lisbon, Saint-Vincent (Cape de Verd), Pernambuco, Bahia, Rio de Janeiro, Monte-Video, Buenos-Ayres.*

Quand les 2, 9, 11, 17 ou 24 tombent un Dimanche le départ a lieu le lendemain.

Les Bateaux de la Compagnie, au retour des Indes Occidentales, s'arrêtent à Cherbourg, où les passagers pour le Continent peuvent descendre.

Un rabais est fait en faveur des familles. Billet de retour au prix d'un passage et demi.

Les accommodations prises pour les Passagers à bord des bateaux de cette Compagnie ne peuvent être surpassées.

Pour plus amples informations, s'adresser aux agents de la Compagnie comme suit :

Paris, R. J. Dyke, 4 rue Rossini.	**Bremen,** Eggers et Stallforth.
Havre, Marcel et Ce.	**Hamburg,** Hermann Binder.
Cherbourg, Mahieu frères.	**Copenhagen,** Hecksher et fils.
Antwerp, F. Huger.	**Oporto,** W. C. Tait.
Rotterdam, Vroege et de Wijs.	**Lisbon,** R. Knowles et Ce.
Amsterdam, Oolgaardt et Bruinier.	**Madrid,** Herbert Atkinson.

Ou à J. M. LLOYD, secrétaire, au Siége de la Société, 55, Moorgate street, London, E.C.

COMPAGNIE GÉNÉRALE
TRANSATLANTIQUE

Paquebots-Poste français

DÉPARTS

Du **HAVRE**....... Les samedis 26 février, 11 et 25 mars, pour New-York, avec escale à Plymouth. — A dater du mois d'avril, les départs auront lieu tous les samedis.

De **St-NAZAIRE**.. Le 7 de chaque mois : pour la Guadeloupe, la Martinique, la Guayra, Puerto-Cabello, Savanilla, Colon et tous les ports de l'Océan Pacifique.

De **St-NAZAIRE**.. Le 20 de chaque mois } Pour la Martinique, la Guadeloupe, St-Thomas, la Havane, la Vera-Cruz, la Grenade, la Guayra, Puerto-Cabello, Barcelona, Carupano.

De **SANTANDER**. Le 21 de chaque mois }

Du **HAVRE** .... Le 18 de chaque mois } Pour St-Thomas, Mayaguez, Cap-Haïtien, Port-au-Prince, Santiago (Cuba), Kingston (Jamaïque), Savanilla, Colon, Panama. Correspondance avec les ports du sud Pacifique, du nord Pacifique et de l'Amérique centrale.

De **BORDEAUX**.. Le 23 de chaque mois avec escale à Santander au retour. }

Ligne côtière de **HAMBOURG** à **SANTANDER**, avec escales à Rotterdam, le Havre, Saint-Nazaire et Bordeaux.

S'adresser, pour Passages, Frets et Renseignements :

A **Paris**....... A la Direction générale, 4, rue de la Paix.
— Au Bureau du Fret, 108, rue du Faubourg-St-Denis.
— Au Bureau des Passages, 12, boulevard des Capucines.
Au **Havre**.... A M. PAULIN VIAL, agent principal, 35, quai d'Orléans.
A **St-Nazaire**. A M. ALBERT LAURENT, agent principal, quai de la Marine.
A **Bordeaux**.. A M. TOMAS DE VIAL, agent, 10, allées d'Orléans.

SOCIÉTÉ GÉNÉRALE
DE
TRANSPORTS MARITIMES A VAPEUR

SOCIÉTÉ ANONYME
CAPITAL : DOUZE MILLIONS

SERVICES RÉGULIERS ET TRANSPORTS DE DÉPÊCHES

Siége de la Société, à Paris, 8, rue Laffitte.
Bureaux d'Exploitation, à Marseille, 3, rue des Templiers.

LIGNE DU BRÉSIL ET DE LA PLATA

Service postal à grande vitesse de Marseille à Rio-Janeiro, Montevideo et Buenos-Ayres, touchant à Barcelone, Gibraltar et Saint-Vincent.

Départ de Marseille le 16 de chaque mois, par les paquebots **BOURGOGNE, PICARDIE, POITOU, SAVOIE** et **LA FRANCE**.

LIGNES DE L'ALGÉRIE

Départs de Marseille pour Alger, tous les vendredis ; — pour Philippeville et Bône, tous les mercredis et dimanches matin, à 8 heures ; — pour Bône, plusieurs fois par semaine, à jours indéterminés, par les paquebots **ALSACE, ARTOIS, AUVERGNE, DAUPHINÉ, FRANCHE-COMTÉ, LORRAINE, TOURAINE, ANJOU** et **NUMIDIE**.

AGENTS ET CORRESPONDANTS

A **Paris**, au siége de la Société, 8, rue Laffitte.
A **Paris**, MM. F. Puthet et C°, 22, rue Albouy.
A **Lyon**, MM. F. Puthet et C°, 2, quai Saint-Clair.
A **Marseille**, aux Bureaux d'Exploitation, 3, r. des Templiers, et 4, rue de la République.
A **Rouen**, MM. F. Larget et C°.
A **Chambéry**, Guillot, Alberti et C°.
A **Cette**, M. E. Fraissinet.
A **Alger**, M. J. Vaills.
A **Philippeville**, M. H. Tessier.
A **Bône**, M. A. Sisco.
A **Naples**, M. L. Minutolo.
A **Gênes**, M. Ad. Crilanovich.
A **Bâle**, MM. de Speyr et C°.
A **Genève**, M. Ch. Fischer.
A **Madrid**, M. Julian Moreno.
A **Barcelone**, M. D. Ripol y C°.
A **Bilbao**, MM. V. de Errazquin é hijos.
A **Saint-Sébastien**, M. J. Domerg.
A **Valence**, MM. Dart et C°.
A **Gibraltar**, MM. Longlands Cowell et C°.
A **Saint-Vincent**, MM. Millers et Nephew.
A **Rio-Janeiro**, MM. E.-J. Albert et C°.
A **Montevideo**, MM. Llamas y C°.
A **Buenos-Ayres**, M. E. Bonnemason.

Pour tous les renseignements sur les frets et prix de passage, s'adresser à la Compagnie ou à ses divers agents.

COMPAGNIE MARITIME
VALÉRY Frères et Fils

PAQUEBOTS-POSTE

A GRANDE VITESSE
Entre Marseille, Cette, Nice, la Corse, l'Italie, l'Espagne, l'Algérie et Tunis

LIGNES DE L'ALGÉRIE

ALLER	RETOUR
Marseille à Alger, ch. mardi et samedi................ 5 h. s.	Alger à Marseille, chaque samedi et mercredi........ midi.
Marseille à Oran, ch. jeudi. 5 h. s. Touchant à Carthagène.	Oran à Marseille, chaque mercredi.............. 5 h. s. Touchant à Carthagène.
Marseille à Stora (Philippeville), chaque vendredi... 5 h. s.	Stora à Marseille, ch. mar. 5 h. s.
Marseille à Tunis, ch. merc. 5 h. s. Touch. à Ajaccio, Bône, La Calle.	Tunis à Marseille, ch. mar. 6 h. s. Touch. à La Calle, Bône, Ajaccio.
Alger à Bône (litt.), ch. merc. midi. Touchant à Dellys, Bougie, Djidjelli, Collo et Stora.	Bône à Alger, ch. samedi. 10 h. s. Touch. à Stora, Collo, Djidjelli, Bougie et Dellys.

LIGNES DE LA CORSE

Marseille à Bastia (avec prolongem. sur Livourne), ch. dim. 9 h. m.	Bastia à Marseille (venant de Livourne), chaque jeudi. 10 h. m.
Marseille à Ajaccio (avec prolong. sur Propriano), ch. vend. 9 h. m.	Ajaccio à Marseille (venant de Propriano), chaq. mardi. 10 h. m.
Ajaccio à Propriano (en prolong. de la ligne de Marseille à Ajaccio), chaque samedi..... midi.	Propriano à Ajaccio (avec prolongement sur Marseille), chaque lundi................. 2 h. s.

LIGNE DE CETTE, MARSEILLE, NICE ET GÊNES

Marseille à Cette chaque {mardi.../jeudi.../samedi...} 8 h. s.	Cette à Marseille chaque {lundi.../mercr.../vendr...} 8 h. s.
Marseille à Nice et Gênes, samedi........... 5 h. s.	Gênes à Nice et Marseille, lundi................. 8 h. s.
Nice à Gênes, dimanche... midi.	Nice à Marseille, mardi.... 8 h. s.

LIGNES D'ITALIE

Marseille à Naples, ch. dimanche et mercredi......... 8 h. m. Touchant à Gênes, Livourne et Civita-Vecchia.	Naples à Marseille, chaque samedi et mercredi........... 5 h. s. Touchant à Civita-Vecchia, Livourne et Gênes.
Marseille à Livourne (par Bastia), chaque dimanche...... 9 h. m.	Livourne à Marseille (par Bastia), chaque mercredi........ 8 h. s.

Pour frets et renseignements, s'adresser : A PARIS, 19, rue Scribe; à MARSEILLE, 7, rue Suffren, et 8, rue Beauvau; à BASTIA, à la Direction; à LONDRES, chez MM. Thomas Cook et fils, Ludgate Circus Fleet street; et aux agences de la C⁰ dans tous les ports fréquentés par ses bateaux.

NOUVELLE COMPAGNIE MARSEILLAISE
DE
NAVIGATION A VAPEUR

A. et L. FRAISSINET et C°,
Place de la Bourse, 6, Marseille.

PAQUEBOTS-POSTE FRANÇAIS POUR LA CORSE ET L'ITALIE
Services réguliers pour le Levant, Malte, l'Égypte, l'Italie, le Languedoc et les Alpes-Maritimes.

LIGNES DESSERVIES PAR LA COMPAGNIE
Service postal sur la CORSE et l'ITALIE

Départs de MARSEILLE, pour *Ajaccio, Porto-Torres*, et alternativement tous les huit jours pour *Propriano* ou *Bonifacio*, le Vendredi, à 9 h. du matin. — Pour *Bastia* et *Livourne*, le Dimanche à 9 h. du matin. — Pour *Calvi* ou l'*Ile-Rousse*, alternativement tous les huit jours, le Lundi à 9 h. du matin. — Pour *Nice, Bastia* et *Livourne*, le Mardi à 8 h. du matin. — **Départ de NICE**, pour **BASTIA** et **LIVOURNE**, le Mercredi, à 5 h. du soir

MALTE ET ÉGYPTE
Départs de MARSEILLE, le 1er et le 15 de chaque mois, à 9 h. du matin, pour *Malte*, *Alexandrie* et *Port-Saïd*.

LIGNE DE CONSTANTINOPLE
Départs de MARSEILLE, le Jeudi à 4 h. du soir, pour *Naples, le Pirée, Volo, Salonique, Dedeagach, Dardanelles, Gallipoli, Rodosto* et *Constantinople*. (*Galatz, Ibraïla, Odessa, Ineboli, Sinope, Sansoum, Kerrassunde, Trébizonde* et *Poti.*)

LIGNES D'ITALIE
Départs de MARSEILLE, directement pour **NAPLES**, le Jeudi, à 4 h. du soir. — Le Mercredi et le Dimanche, à 8 h. du matin, pour *Gênes, Livourne, Civita-Vecchia* et *Naples*.

LIGNE DE NICE ET CANNES
Départs de MARSEILLE, le Samedi à 8 h. du soir, pour *Nice* et *Cannes*.

LIGNE DU LANGUEDOC
Départs de MARSEILLE, tous les soirs à 8 h., pour *Cette*. — Les Lundis, Mercredis et Vendredis, à 8 h. du soir, pour *Agde*.

AGENTS ET CORRESPONDANTS DE LA COMPAGNIE.

MM. A. et L. FRAISSINET et C°, place de la Bourse, 6, à Marseille. — E. BUCHWALDER, rue de Trévise, 3, à Paris. — BISCHOFF DE SAINT-ALBAN, à Bâle et à Zurich. — SMITH SUNDIUS et C°, à Londres, à Plymouth et à Southampton. — T. PICHARRY, quai de Bourgogne, 40, à Bordeaux. — L. ORENGA, à Bastia. — P. COSTA, à Ajaccio.

Pour plus amples renseignements, s'adresser aux Agents ci-dessus, ou à ceux établis dans les ports desservis par la Compagnie.

BATEAUX-POSTE ITALIENS

Société R. RUBATTINO et Cⁱᵉ, de Gênes

LIGNE DIRECTE DES INDES
(Voie du Canal de Suez).

ALLER		RETOUR	
Gênes.....	Dép. le 24 de ch. mois.	Bombay..	Dép. le 1er de ch. mois.
Livourne.	» » 25 »	Aden.....	» » 8 »
Naples....	» » 27 »	Suez......	» » 14 »
Messine..	» » 28 »	Port-Saïd.	» » 16 »
Port-Saïd.	» » 2 »	Messine..	» » 20 »
Suez......	» » 3 »	Naples....	» » 21 »
Aden.....	» » 9 »	Livourne..	» » 22 »
Bombay..	Arriv. 16 »	Gênes.....	Arriv. 23 »

LIGNE D'ÉGYPTE

ALLER		RETOUR	
Gênes......	Dép. 5, 15, 25 soir.	Alexandrie.	Dép. 7, 17, 27 midi.
Livourne...	» 6, 16, 26 »	Messine....	» 12, 22, 2 matin
Naples.....	» 8, 18, 28 midi.	Naples.....	» 13, 23, 3 midi.
Messine....	» 9, 19, 29 »	Livourne...	» 14, 24, 4 soir.
Alexandrie.	Arr. 13, 23, 3 »	Gênes......	Arr. 15, 25, 5 matin

LIGNES DE LA MÉDITERRANÉE

LIGNE entre GÊNES, CAGLIARI et TUNIS
(HEBDOMADAIRE).

Gênes.....d.	jeudi.....	9 h. » m.	Tunis......d.	mercredi..	midi.
Livourne.{a. d.	vendredi.. id	6 h. » — 10 h. » s.	Cagliari...{a. d.	jeudi..... id......	6 h. » m. 6 h. » s.
Cagliari..{a. d.	dimanche id	8 h. » m. 6 h. » s.	Livourne.{a. d.	samedi... id......	4 h. » m. 11 h. » s.
Tunis......a.	lundi.....	midi.	Gênes......a.	dimanche	8 h. » m.

BATEAUX-POSTE ITALIENS
Société R. RUBATTINO et Cᵉ, de Gênes.

LIGNE entre GÊNES et CAGLIARI
(HEBDOMADAIRE)

Gênes.....	d.	lundi.....	9 h.	» s.	Cagliari...	d.	lundi.....	6 h. » s.
Livourne.	a.	mardi.....	6 h.	» m.	Tortoli....	a.	mardi....	4 h. 20 m.
	d.	id.....	2 h. 30 s.			d.	id.....	5 h. 20 —
Terranova	a.	mercredi.	9 h. 10 m.		Terranova	a.	id.....	12 h. 40 s.
	d.	id.....	10 h. » —			d.	id.....	1 h. 40 —
Tortoli....	a.	id.....	5 h. 20 s.		Livourne.	a.	mercredi.	8 h. 20 m.
	d.	id.....	6 h. 20 —			d.	id.....	11 h. » s.
Cagliari.	a.	jeudi.....	4 h. » m.		Gênes.....	a.	jeudi.....	8 h. » m.

LIGNE entre GÊNES, BASTIA et PORTO TORRES
(HEBDOMADAIRE)

Gênes.....	d.	samedi....	9 h.	» s.	Porto Torres	d.	mercredi.	8 h. » m.
Livourne.	a.	dimanche	6 h. » m.		Maddalena.	a.	id.....	4 h. » s.
	d.	id.....	9 h. » —			d.	id.....	5 h. » —
Bastia....	a.	id.....	4 h. 20 s.		Bastia....	a.	jeudi.....	4 h. » m.
	d.	id.....	5 h. 2 —			d.	id.....	8 h. » —
Maddalena	a.	lundi.....	4 h. 20 m.		Livourne.	a.	id.....	3 h. 20 s.
	d.	id.....	5 h. 20 —			d.	id.....	11 h. » —
Porto Torres	a.	id.....	2 h. » s.		Gênes.....	a.	vendredi.	8 h. » m.

LIGNE entre GÊNES et PORTO TORRES
(HEBDOMADAIRE)

Gênes.....	d.	mercred..	9 h.	» s.	Porto Torres	d.	dimanche	midi.
Livourne.	a.	jeudi.....	6 h. » m.		Livourne.	a.	lundi.....	11 h. » m.
	d.	id.....	2 h. 30 s.			d.	id.....	11 h. » s.
Porto Torres	a.	vendredi.	11 h. 30 m.		Gênes.....	a.	mardi....	8 h. » m.

LIGNE entre LIVOURNE et PORTO FERRAIO
(HEBDOMADAIRE)

Livourne..	d.	dimanche	10 h. » m.		Portoferraio	d.	lundi.....	8 h. » m.
Portoferraio	a.	id.....	5 h. » s.		Livourne..	a.	id.....	3 h. » s.

LIGNE entre CAGLIARI et LA MADDALENA
(HEBDOMADAIRE)

Cagliari...	d.	jeudi.....	5 h. » s.		Maddalena.	d.	lundi.....	11 h. » m.
Muravera	a.	vendredi..	12 h. 30 m.		Terranova	a.	id.....	2 h. 45 s.
	d.	id.....	12 h. 45 —			d.	mardi....	2 h. » m.
Tortoli....	a.	id.....	5 h. 15 —		Siniscola..	a.	id.....	5 h. 30 —
	d.	id.....	6 h. » —			d.	id.....	6 h. » —
Orosei.....	a.	id.....	9 h. 30 —		Orosei.....	a.	id.....	8 h. 25 —
	d.	id.....	9 h. 45 —			d.	id.....	8 h. 40 —
Siniscola..	a.	id.....	12 h. 10 s.		Tortoli....	a.	id.....	midi.
	d.	id.....	12 h. 30 —			d.	id.....	12 h. 30 s.
Terranova	a.	id.....	3 h. 30 —		Muravera.	a.	id.....	5 h. 30 —
	d.	id.....	4 h. » —			d.	id.....	5 h. 45 —
Maddalena	a.	id.....	7 h. 40 —		Cagliari...	a.	id.....	11 h. 30 —

BATEAUX-POSTE ITALIENS
Socié R. RUBATTINO et Cᵉ, de Gênes.

LIGNE entre CAGLIARI et PALERME
(BI-MENSUEL)

Tous les deux jeudis depuis le 6 mars.				Tous les deux samedis depuis le 8 mars.			
Cagliari...d.	jeudi....	6 h.	» s.	Palerme..d.	samedi....	6 h.	» s.
Palerme...a.	vendredi	7 h.	» —	Cagliari...a.	dimanche	7 h.	» —

LIGNE entre NAPLES, CAGLIARI et TUNIS
(HEBDOMADAIRE)

Naples....d.	samedi...	2 h.	» s.	Tunis......d.	mercredi	12 h.	»m.
Cagliari..{a.	dimanche	5 h.	»—	Cagliari...{a.	jeudi.....	6 h.	»—
........{d.	id....	6 h.	»—	........{d.	id....	2 h.	»s.
Tunis......a.	lundi....	12 h.	»m	Naples....a.	vendredi	6 h.	»—

LIGNE DE L'ARCHIPEL TOSCAN
(HEBDOMADAIRE)

Livourne..d.	mercredi.	8 h.	»m	PortoS.Stef.d.	jeudi....	3 h.	»s.
Gorgona..{a.	id.,...	10 h.	»—	Portoferraio{a.	id....	9 h.	10—
........{d.	id.....	11 h.	»—	............{d.	vendredi.	8 h.	»m,
Capraia..{a.	id....	1 h.	»s.				
........{d.	id....	1 h. 30	»—	Capraia..{a.	id....	11 h.	»—
Portoferraio{a.	id....	4 h. 30	—	........{d.	id....	11 h. 30	—
............{d.	jeudi....	5 h.	»m				
Pianosa..{a.	id....	8 h. 40	—	Gorgona..{a.	id....	1 h. 30 s.
........{d.	id....	9 h.	»—	........{d.	id....	2 h.	»—
Porto S.Stef.a.	id....	3 h.	»s.	Livourne..a.	id....	4 h. 40	—

LIGNE entre CIVITA VECCHIA, MADDALENA & PORTO TORRES (Hebdomadaire).

Civita Vecch.d.	mercredi	3 h.	»s.	Porto Torres.d.	vendredi	10 h.	»m.
Maddalena.{a.	jeudi.....	6 h.	»m	Maddalena.{a.	id....	6 h.	»s.
..........{d.	id....	7 h.	»—	..........{d.	id....	8 h.	»—
Porto torres.a.	id....	3 h.	»s.	Civita Vec.a.	samedi..	11 h.	»m.

LIGNE entre PIOMBINO et PORTO FERRAIO
(TOUS LES JOURS).

Piombino..d.	à 3 h.	» soir.	Portoferraio.d.	à 8 h.	» matin.
Portoferraio.a.	à 5 h.	»—	Piombino..a.	à 10 h.	»—

S'adresser pour renseignements :
A Marseille, à MM. Ch. LAFORET et Cᵉ, rue Grignan, 42 et en Italie, et autres ports à l'étranger, aux bureaux de la Cᵉ.

Eastern Telegraph Company
LIMITED

LES TÉLÉGRAMMES PEUVENT ÊTRE TRANSMIS

DE

MARSEILLE

OU D'UN POINT QUELCONQUE DE LA FRANCE

Aux prix du Tarif suivant, à partir du 1er janvier 1876.

	PAR Mot.	PAR 20 Mots.		PAR Mot.	PAR 20 Mots.
	fr. c	fr. c		fr. c	fr. c
Algérie et Tunisie			Chine : Hongkong, Amoy et Shanghai	10 »	»
Aden	5 30	4 40	Cochinchine : Saigon, etc.	8 50	»
Amérique du Sud : Pernambuco	11 60	»	Égypte : Alexandrie	1 70	»
— Para et Bahia	15 60	»	— Caire, Suez et stations du Canal	1 95	»
— Rio de Janeiro	17 10	»	Gibraltar	»	21 50
— Santos, Santa-Catarina, Rio Grande du Sud, Montevideo	19 60	»	Indes : Ouest-Chittagong	5 50	»
			— Est Chittagong	5 75	»
— Tous les autres Bureaux du Brésil et de l'Uruguay	20 10	»	Japon : Nagasaki	14 »	°21 »
			— Hokodadi	»	*11 »
— Buenos-Ayres	20 45	»	— Autres stations	»	»
— Tous les autres Bureaux de la République Argentine	20 95	»	Java : Batavia, etc.	8 »	»
			Madère	2 65	»
			Malte	»	9 »
— Valparaiso et toutes les stations du Chili	26 70	»	Maurice et Réunion (taxe d'Aden, plus 2 fr. de poste)	»	»
Australie : Victoria, Tasmanie, South Australia	12 75	»	Penang	6 50	»
			Saint-Vincent et Iles du Cap-Verd	5 55	»
— New South Wales and Queensland	13 »	»	Singapore	7 50	»

(°) A ajouter à la taxe par mots de Nagasaki :

Ajouter la moitié de la taxe pour vingt mots pour chaque série de dix mots au-dessus de vingt.

Les dépêches pour Malte, l'Égypte, Aden, les Indes, les pays au-delà des Indes et l'Amérique du Sud, par cette route, doivent mentionner l'indication « via Marseille Bone; » cette indication est transmise gratuitement par toutes les administrations.

Marseille, 1er janvier 1876.

Par ordre,
A. L TERNANT,
Directeur.

Appendice 1876-1877

II

PARIS

INDUSTRIES DIVERSES

HOTELS

INSTITUTIONS DE JEUNES GENS

INSTITUTIONS DE DEMOISELLES

VERSAILLES

Versailles

GRAND HOTEL DES RÉSERVOIRS
RESTAURANT

Attenant au Palais et au Parc, rue des Réservoirs, 9, 11 et 11-*bis*. — Maison meublée annexe. — Grands et petits appartements.

HOTEL VATEL *Rue des Réservoirs*, 28, à l'angle du boulevard de la Reine, en sortant du Parc (Grille de Neptune), à gauche, rue des Réservoirs. — **RIVIÈRE**, propriétaire. — Les prix des dîners dans l'hôtel et au restaurant sont de 3 fr. 50 à 5 fr. — Service à la carte. Grands et petits appartements meublés. — Pension de familles.

Champs-Élysées

RESTAURANT LEDOYEN
AUX CHAMPS-ÉLYSÉES
L'HIVER
JARDIN D'HIVER CHAUFFÉ

MAISON
DE LA
BELLE JARDINIÈRE
2, rue du Pont-Neuf, 2
PARIS

HABILLEMENTS TOUT FAITS ET SUR MESURE
Pour hommes et pour enfants
CHAPELLERIE. — CHAUSSURES. — BONNETERIE. — CHEMISERIE

EXPÉDITION EN PROVINCE
Franco contre remboursement, au-dessus de 25 francs.

Succursales : **LYON, MARSEILLE, NANTES, ANGERS**
A Paris, au coin des rues de Clichy et d'Amsterdam.

RAYON SPÉCIAL POUR VÊTEMENTS ECCLÉSIASTIQUES

SCOTCH WAREHOUSE

ESTABLISHED A.D. 1860

JOHN MANBY

21, RUE AUBER, PARIS

Choice Scotch tweeds for gents' suits

SOFT AND WARM SCOTCH TEXTURES
For Ladies' travelling Cloaks and Costumes

THE " ULSTER " WALKING COAT
FOR LADIES, GENTLEMEN AND CHILDREN

ALSO

THE " FROCKCOAT " AND PARDESSUS
New shapes in garments for Ladies

" REAL SHETLAND HOMESPUNS "

Scotch Shawls, Plaids and Rugs

EXPERIENCED CUTTERS FROM LONDON

SPECIALITÉ FOR BOYS' KNICKERBOCKER, MARINE AND DRESS AND UNDRESS SCOTCH SUITS

21, RUE AUBER, 21
CLOSE TO THE NEW OPERA

VIOLET
PARFUMEUR BREVETÉ A PARIS, INVENTEUR
DU
SAVON ROYAL DE THRIDACE

CRÈME DE BEAUTÉ
A BASE DE GLYCÉRINE ET BISMUTH
Fraîcheur,
velouté, éclat du teint.

EXTRAITS TRIPLES D'ODEURS
PARFUMS POUR LE MOUCHOIR
Withe-rose,
Jockey-Club, en bouquet, etc.

PASTILLES AMBROSIAQUES
AU MASTIC DE CHIO
Fraîcheur et suavité de l'haleine.

GLYCÉRINES PARFUMÉES
Indispensables pour conserver la santé, la morbidesse de la peau.

FLACONS ANTISEPTIQUES RAFRAICHISSANTS POUR VOYAGEURS

Exiger la marque de fabrique : LA REINE DES ABEILLES.

Paris, 223, rue Saint-Denis, et 12, boulevard des Capucines, rotonde du Grand-Hôtel.

DÉPÔT DANS TOUTES LES VILLES DE FRANCE

CALORIFÈRE FRANÇAIS
BREVETÉ EN FRANCE ET A L'ÉTRANGER

CHAUFFAGE

HYGIÉNIQUE

EMPLOI

DE

tous combustibles.

SOLIDITÉ

TRÈS-GRANDE

ET DURÉE ILLIMITÉE

MONTAGE FACILE

PAR UN

ouvrier quelconque

Grands Prix et Médailles d'or aux Expositions universelles

MAGASIN et DÉPÔT : Rue Bonaparte, 82, } PARIS.
USINE : Rue du Chemin-Vert, 42,

Envoi franco de Tarifs, Renseignements et Attestations.

GRAND HOTEL

12, BOULEVARD DES CAPUCINES, 12

ET

PLACE DU NOUVEL-OPÉRA

A PARIS

Le Grand-Hôtel est l'habitation la plus agréable que Paris puisse offrir aux étrangers, soit qu'ils y viennent pour n'y passer que quelques jours, soit qu'ils aient l'intention d'y faire un séjour prolongé.

Tout y est ordonné de manière à donner à ses hôtes la plus complète expression de la vie confortable, et quelque variées que soient les convenances particulières de chaque voyageur, le Grand-Hôtel y donne la plus entière satisfaction.

Les souverains, en rupture de résidence officielle, retrouvent au Grand-Hôtel, pour eux et leur suite, si nombreuse qu'elle soit, leurs installations princières.

Le modeste touriste y est l'objet de prévenances attentives.

Nous le répétons donc,

L'étranger qui vient à Paris pour ses plaisirs ou pour ses affaires; celui qui connaît la vie parisienne ou qui la veut apprendre; celui qu'y amène un intérêt politique, commercial, industriel, artistique ou scientifique, ne peut choisir une résidence mieux appropriée à ses besoins et à ses convenances.

Sa situation sur le boulevard des Capucines et sur la place du Nouvel-Opéra, dans le centre du nouveau Paris, ou, pour mieux dire, du vrai Paris, le met à proximité de tous les organes de la vie parisienne.

Façade du Grand-Hôtel.

GRAND-HOTEL (Suite).

Les palais, les jardins publics, les ministères, les musées, les bibliothèques, les théâtres, sont dans son voisinage immédiat. — *La Bourse* est à deux pas. *La Banque* n'en est pas éloignée. Trois administrations publiques, *la Poste, le Télégraphe, les Tabacs*, sont représentés dans l'hôtel même.

Une courte description de ce vaste caravansérail, sans rival dans le monde, peut intéresser nos lecteurs.

Le plan de l'immeuble est un triangle dont les trois angles abattus ou arrondis présentent eux-mêmes des façades architecturales.

Le développement des trois grandes lignes de cette immense figure géométrique atteint pour chacune d'elles plus de 100 mètres.

La surface totale est d'environ 6,000 mètres, dont 1,000 mètres en cours et l'excédant en constructions.

La façade du Sud est située sur le boulevard des Capucines (en face de la rue de la Paix, à deux pas de la Madeleine).

Celle de l'Ouest occupe, rue Scribe, le côté qui fait face au Jockey-Club.

Enfin la façade de l'Est forme tout le côté occidental de la place du Nouvel-Opéra.

Cinq portes monumentales donnent accès à des cours respectives nommées :

Cour d'Honneur,
Cour Scribe,
Cour de l'Opéra.

Les trois portes qui mettent la cour d'honneur en communication avec le boulevard des Capucines sont affectées au public.

Mais les portes Scribe et Opéra, ainsi que leurs cours respectives, sont réservées pour l'usage exclusif des souverains, des princes ou des personnages de distinction qui désirent occuper des appartements particuliers, pouvant s'isoler complétement de tous les autres appartements du Grand-Hôtel.

La Cour d'Honneur, dont nous donnons le croquis, est

Cour d'honneur du Grand-Hôtel.

GRAND-HOTEL (*Suite*).

une merveille. On ne se lasse pas d'en admirer les proportions.

Elle forme un immense parallélogramme de 25 mètres de côté. Elle est couverte, à la hauteur du quatrième étage, et sur toute sa surface, de plus de 600 mètres, par un vitrage enchâssé dans une puissante armature de fer. C'est un chef-d'œuvre d'élégance, de force et de légèreté.

Cette cour offre à chaque instant du jour un spectacle des plus attrayants. L'activité et la diversité y règnent en souveraines incontestées.

C'est, depuis six heures du matin jusqu'à une heure après minuit, un kaléidoscope varié où toutes les formes, tous les aspects du mouvement et de la couleur intéressent l'amateur du pittoresque. Voitures amenant des voyageurs de tous pays, fourgons chargés de bagages, omnibus de chemins de fer, élégantes calèches de promenade aux fringants attelages, écuyers, amazones, promeneurs, interprètes, courriers, sommeliers, peuplent et animent cette fourmilière en constante activité.

Ce spectacle est si intéressant que bon nombre des habitués de l'hôtel préfèrent les appartements dont les fenêtres s'ouvrent sur la cour d'Honneur à ceux qui sont éclairés sur le boulevard.

C'est là que se trouve à portée des voyageurs l'entrée de tous les services destinés à répondre à leurs besoins.

A gauche sont placés :
    Le concierge principal,
    La boîte de la poste aux lettres,
    Le bureau du télégraphe,
    Le bureau de réception des voyageurs,
    Le service des voitures,
    Les courriers et interprètes,
    La caisse,
    Le bureau de change des monnaies étrangères.

A droite : Le bureau des théâtres chargé d'assurer aux voyageurs des places pour toutes les représentations intéressantes, puis un café-divan avec billards excellents réservés aux voyageurs. — Sur le boulevard et à droite de l'entrée principale, se trouve une succursale de *l'administration des tabacs*, toujours approvisionnée des meilleurs cigares de la Havane.

GRAND-HOTEL (*Suite*).

Dans la cour, en face de l'entrée principale, un large perron, orné d'arbustes et de plantes rares, est le rendez-vous des voyageuses qui viennent y étaler les plus riches toilettes de ville et de voyage.

De chaque côté de ce perron sont placés des ascenseurs qui desservent tous les étages de l'hôtel.

Après avoir gravi le perron, on pénètre de plain-pied dans le *Salon de Lecture et de Conversation*, immédiatement suivi de la *grande Salle à manger*.

A droite et à gauche du perron, de grands vestibules conduisent aux deux escaliers d'honneur.

C'est dans l'un d'eux que se trouve l'entrée des salons du Restaurant.

Du côté de l'Opéra, et à l'entresol, sont placées les salles de Bains, de douches et d'hydrothérapie : elles sont au nombre de quinze.

Enfin les propriétaires du Grand-Hôtel viennent de compléter ces diverses installations par l'ouverture d'un Salon de Conversation spécialement *et exclusivement réservé aux dames*.

Cet immense Salon, meublé avec luxe, est situé au rez-de-chaussée, à droite du perron ; il est éclairé par des glaces sans tain qui permettent aux voyageuses d'assister, sans être vues elles-mêmes, au spectacle si intéressant et si mouvementé de la circulation parisienne sur la place du Nouvel-Opéra ; elles y jouissent d'une vue complète de ce magnifique édifice.

Le *Salon des Dames* est un centre de réunion très-apprécié des habitants du Grand-Hôtel. Le mari n'a plus, lorsqu'il s'absente, le regret de laisser sa femme confinée dans son appartement. La mère peut en toute sécurité y conduire sa fille. Entre autres moyens de distraction, les dames y trouvent un piano d'une excellente facture et les partitions de tous les opéras connus dans le monde.

Les appartements et chambres occupent exclusivement les cinq étages composant le bâtiment du Grand-Hôtel. Ils sont au nombre de sept cents.

C'est au premier étage que se trouvent *la salle du Zodiaque* et toute une série de salons de réception habituellement affectés à des repas de corps, à des repas de noce

GRAND-HOTEL (*Suite*).

ou à des bals de charité, la bonne société parisienne et étrangère ayant adopté le Grand-Hôtel pour ces sortes de solennités.

Salon de lecture.

Le salon de lecture, dont notre dessin représente les principales dispositions, se recommande par une ornementation sévère et par un ameublement des plus confortables.

On y trouve tous les journaux de Paris et de l'étranger et les meilleures publications littéraires.

La Salle à manger.

La *grande salle à manger* est un monument unique au monde. Ses immenses proportions permettent d'y dresser 600 couverts.

Sa forme est demi-circulaire, la coupole vitrée qui la domine, sa cheminée artistique, ses nombreuses cariatides, ses attributs multiples, ses lustres étincelants, ses milliers de girandoles étonnent l'esprit et éblouissent le regard.

D'élégants escaliers relient cette salle à manger aux salons du Zodiaque et aux salons de réception situés au premier étage.

Cette remarquable salle à manger, qui n'avait d'autre rivale que celle de l'Hôtel de Ville, aujourd'hui détruit, est une des curiosités de Paris.

Service. — Ascenseurs, etc.

Le service des voyageurs se fait par 300 employés ou domestiques, secondés par de puissants moyens mécaniques.

A ce point de vue, d'intéressants perfectionnements ont été appliqués depuis deux ans, notamment en ce qui concerne l'ascension des voyageurs.

La substitution de la vapeur aux systèmes hydrauliques précédemment appliqués, soustrait ce service aux interruptions fréquentes qu'occasionnaient les intermittences du service des eaux.

Salon de lecture du Grand-Hôtel.

GRAND-HOTEL *(Suite)*.

Aujourd'hui, aucun arrêt n'est à craindre, et c'est trois à quatre cents ascensions par jour qu'accomplissent ces appareils, si appréciés par les voyageurs qui habitent les régions élevées de l'Hôtel.

Ce service fonctionne maintenant sans temps d'arrêt depuis six heures du matin jusqu'à une heure après minuit. Il dessert tous les étages et reçoit les voyageurs pour monter et pour descendre.

Un seul côté de l'Hôtel (côté Opéra) était jusqu'ici desservi par un escalier mécanique. On prépare en ce moment l'installation d'un deuxième élévateur destiné au côté Scribe.

La vapeur a encore reçu d'autres applications; après avoir donné le mouvement aux nombreux mécanismes qu'elle commande, elle donne sa chaleur à des milliers d'organes affectés soit aux quinze salles de bains, soit aux tables chaudes, aux laveries, aux étuves à linge, aux chauffe-assiettes, etc., elle assure encore le service si important de l'eau chaude qui se distribue dans tous les étages de la maison, et c'est par mille tonnes qu'il faut en évaluer la consommation quotidienne.

L'Éclairage.

L'Hôtel tout entier, son entrée, ses cours, ses vestibules, ses corridors, ses salons, sont éclairés par quatre mille becs de gaz.

Le Chauffage. — La Ventilation.

Le chauffage s'opère d'une façon générale dans les corridors, les escaliers, les vestibules, les grandes salles, par dix-huit énormes calorifères et trois cent cinquante-quatre bouches de chaleur.

Même au cœur de l'hiver le plus âpre, l'intérieur du Grand-Hôtel jouit d'une agréable température.

De puissants moyens de ventilation, nouvellement installés, permettent, pendant la saison la plus chaude, de n'éprouver aucune gêne de l'élévation de la température, et assurent au Grand-Hôtel des conditions particulièrement hygiéniques.

GRAND-HOTEL (*Suite*).

Les Salles de bains.

Tous les jours, depuis six heures du matin jusqu'à une heure après minuit, quinze salles de bains sont à la disposition des voyageurs.

Paris ne possède aucune installation de bains aussi complète et aussi confortable.

Des cabinets spéciaux sont réservés pour l'hydrothérapie, les douches de toutes sortes (chaudes ou froides) et les bains de vapeur.

La Blanchisserie.

Un Hôtel dont l'effectif ne descend jamais au-dessous de 600 voyageurs ne pouvait pas accorder l'accès de ses appartements à toutes les blanchisseuses de la ville. C'est pour ces motifs que les propriétaires du Grand-Hôtel ont fait construire une *Blanchisserie modèle*, qui blanchit tout son linge, ainsi que celui des voyageurs.

Les Caves.

Les caves du Grand-Hôtel contiennent aisément un million de bouteilles.

Quinze cents cases permettent le classement méthodique, par crus et par années, des trésors qu'elles renferment.

Ici sont couchés les vins de la Gironde : *Saint-Estèphe*, *Saint-Emilion*, *Château-Laffitte*, et surtout *Château-Margaux*, le roi des vins et le vin des rois.

Puis les Graves au frais bouquet, les Sauternes, à la tête desquels se place le Château-Yquem, décoré de la grande médaille d'or à l'Exposition universelle de 1855, et dont le tonneau était payé, par le grand-duc Constantin, le prix rond de 20,000 francs.

Là sont entassés les Bordeaux, trésors de santé, et les Bourgogne, trésors de gaieté; les Beaune, renommés depuis Louis XIV; les Pomard, les Volnay, les Corton, les Nuits, les Romanée, les Chambertin; enfin le Clos-Vougeot, reconnaissable à son léger goût de framboise, et sans contredit le meilleur vin de la Bourgogne.

Dans un réduit obscur et frais reposent les Chablis, les Pouilly, les Montrachet, les Champagne de toutes mar-

GRAND-HOTEL *(Suite)*.

ques, parmi lesquels se recommande le *Champagne « Grand-Hôtel »*.

Plus loin s'étagent les Frontignan jaunes et ambrés, les vins du Rhin, d'Espagne, de Madère, de Xérès, de Malaga, d'Alicante, de Malvoisie, de Hongrie, d'Italie, qui attendent que le désir des gourmets vienne les arracher à leur retraite.

Gardons-nous d'oublier les fins *cognacs* marqués Hennecy, Martel, La Charentaise; les rhums authentiques de la Jamaïque, les genièvres de Hollande, les liqueurs de France et de nos colonies.

La Table.

La gastronomie, au Grand-Hôtel, a le choix entre deux manifestations élevées : la cuisine française *classique*, qui apparaît à la table d'hôte et aux banquets, et la cuisine étrangère.

Un chef émérite, digne de la réputation de Vatel et de Carême, cherche constamment à procurer aux convives du Grand-Hôtel des jouissances inattendues.

A côté de la cuisine française, cette quintessence de tous les types adoptés par la civilisation européenne, vient se placer la cuisine exotique, et les étrangers accourus de tous les points du globe ont la satisfaction de pouvoir manger leurs mets nationaux.

Le Chinois y peut retrouver ses nids d'hirondelles; l'Indien, ses tortilles de maïs; le Turc, ses viandes accommodées suivant le rite musulman; l'Israélite, ses préparations orthodoxes; le Russe, son caviar et ses beefteacks d'ours; l'Anglais, son roastbeef, qu'il peut arroser de sherry authentique.

La Direction entoure ce service de soins tout particuliers; la bonne préparation des mets n'est pas le seul souci qui la préoccupe, et le choix des denrées est l'objet de sa constante sollicitude.

Les poissons les plus frais et les plus rares, les viandes les plus belles, les fruits du plus beau choix, lui sont réservés, et, pour assurer à ses clients un produit presque introuvable à Paris, c'est-à-dire du Lait pur, elle n'a pas hésité à établir aux abords de Paris une *Vacherie modèle*,

Salle à manger du Grand-Hôtel.

GRAND HOTEL (*Suite*).

très-intéressante à visiter, et dont les produits sont réservés à la consommation du Grand-Hôtel.

Les repas sont servis aux voyageurs sous les formes suivantes :

1º REPAS A LA CARTE :

Les prix de la carte sont les mêmes pour les repas, servis dans les salons du restaurant ou dans les appartements des voyageurs.

2º DÉJEUNERS A PRIX FIXE :

Déjeuners servis à des tables particulières, dans la grande salle à manger :
4 fr. par tête, vin et café compris (enfants 3 fr.).
Déjeuners servis dans les salons du restaurant, même prix et même menu (moins le vin).

3º DINERS A PRIX FIXE :

Table d'hôte du Grand-Hôtel :
6 fr., vin compris (enfants 4 fr.).
Dîners à prix fixe servis dans les salons du restaurant ou dans les appartements.

Enfin la direction, cherchant avec persévérance les moyens de donner satisfaction à toutes les convenances de ses hôtes, a établi des *abonnements* qui se recommandent par la modérations de leurs prix.

Ces *abonnements à prix fixe* comprennent le logement, le chauffage, l'éclairage, la nourriture (trois repas par jour, vin compris) et le service; ils sont tarifés comme suit :

Logement au 4ᵉ étage, 20 fr. par jour, 35 fr. 2 personnes.
—   3º   —   25   —   43   —
—   2ᵉ   —   30   —   45   —

Prix des Locations.

C'est un préjugé de croire qu'il en coûte plus cher pour vivre au Grand-Hôtel que dans les autres bonnes maisons de Paris; le contraire est la vérité.

Peut-être s'étonnera-t-on que cette somptueuse résidence, qui paraît exclusivement réservée aux grandes fortunes,

L'Hôtel Scribe.   Le Nouvel Opéra.   Le Grand-Hôtel.

Hôtel Scribe.

GRAND-HÔTEL (*Suite*).

soit également accessible aux bourses plus modestes ; rien n'est cependant plus exact : cela tient à l'application du principe de la *fixité des prix*.

En effet, toutes les dépenses que l'on peut faire au Grand-Hôtel sont prévues et réglées par des tarifs invariables placés dans chaque chambre. Les voyageurs, mis ainsi à l'abri de tout mécompte, peuvent régler leur dépense suivant leurs convenances.

PRIX DES LOCATIONS PAR JOUR :

Chambre à coucher, 1 lit, 1 personne, depuis 5 fr.
Chambre à coucher, grand lit........ — 8 fr.
Chambre à coucher, 2 lits............ — 11 fr.
Salons............................... — 12 fr.

Domestiques, 3 fr. — Lits de supplément, 3 fr.
Enfants, 2 fr.

Toutes les conditions de bien-être, de confortable et de modération dans les prix sont donc réunies au Grand-Hôtel. C'est ce qui explique la vogue dont il est l'objet. Aussi, malgré les immenses proportions de l'édifice et ses 700 chambres, est-il parfois dans l'impossibilité d'accueillir tous les voyageurs qui réclament son hospitalité.

La direction du Grand-Hôtel recommande donc à ses clients de vouloir bien la prévenir au moins la veille de leur arrivée, afin qu'il lui soit possible de leur assurer la préférence qui leur est due.

Annexe du Grand-Hôtel.

Pour répondre aux besoins d'une clientèle qui s'accroît chaque jour, le Grand-Hôtel vient de s'annexer l'HOTEL SCRIBE (family Hotel), situé rue Scribe, n° 1, vis-à-vis de la façade occidentale du Grand-Hôtel.

Cette annexe répond plus particulièrement aux convenances des voyageurs qui préfèrent la tranquillité du *at home* à la vie mouvementée du Grand-Hôtel. Les prix y sont très-modérés.

GRAND-HOTEL (*Suite*).

Service de santé.

Le service de santé est assuré au Grand-Hôtel par deux de nos célébrités médicales :

M. le docteur FROMENT, ancien interne, ancien prosecteur des hôpitaux de Paris ;

M. le docteur BLONDEAU, ancien interne des hôpitaux, ancien chef de clinique de la faculté de médecine de Paris.

Les soins de ces docteurs sont assurés aux voyageurs le jour et la nuit.

Livre d'or du Grand-Hôtel.

Les registres sur lesquels figurent les noms des souverains, des princes et des personnages les plus illustres peuvent être considérés comme le livre d'or du Grand-Hôtel.

Aussi, ne résistons-nous pas au désir d'en extraire les quelques noms suivants :

L'ambassadeur du Céleste Empire et sa suite.
S. A. S. la grande-duchesse de Russie.
S. M. Léopold Ier, roi des Belges.
S. M. l'impératrice Charlotte du Mexique.
S. A. I. la grande-duchesse Hélène de Russie.
S. A. R. le prince d'Orange.
LL. AA. Omer pacha et Nubar pacha.
S. A. R. le comte de Flandre.
S. M. Isabelle II, reine d'Espagne, et sa suite.
S. A. R. le nabab Mumtazamal du Bengale, accompagné de ses deux fils et d'une suite nombreuse.
S. M. Marie Pie, reine de Portugal, et sa suite.
S. A. R. l'infant don Sébastien d'Espagne.
S. A. le prince de Serbie, etc., etc.
LL. MM. l'empereur et l'impératrice de Russie et leur suite.
LL. MM. le roi et la reine des Belges.

Ici s'arrête une nomenclature limitée par les exigences d'une discrétion qui interdit de nommer toutes les illustrations européennes ou étrangères voyageant incognito et qui ont habité ou habitent présentement le Grand-Hôtel.

GRAND
HOTEL DU LOUVRE

Situé dans le quartier le plus central de Paris

RUE DE RIVOLI ET PLACE DU PALAIS-ROYAL

Ascenseur montant à tous les étages

RÉDUCTION SUR TOUS LES TARIFS

700 Salons et Chambres meublés avec luxe depuis 3 francs.

TABLE D'HOTE

Déjeuner à 3 fr. 50, vin compris, de 10 h. du matin à 1 h. après midi.

Diner à 6 fr., vin compris, à 6 h. du soir.

DÉJEUNERS ET DINERS A LA CARTE

SPLENDIDE HOTEL

1, PLACE DE L'OPÉRA, ANGLE DE LA RUE DE LA PAIX
Entrée avenue de l'Opéra, 61

This first class Hotel, one of the most elegantly furnished in Paris, is equally remarkable, for its incomparable situation, its accomodation, comfort, and its good attendance.

Rooms from 4 to 25 francs a day. Handsome appartments, Reading room, Conversational Saloon, Baths, an elevator for the use of visitors.

HOTEL CANTERBURY

44, BOULEVARD HAUSSMANN

Derrière le nouvel Opéra

HOTEL DE FAMILLE — GRANDS ET PETITS APPARTEMENTS

Restaurant à la carte et à prix fixe.

GRAND HOTEL DE CASTILLE

5, boulevard des Italiens, 5
ET 111, RUE DE RICHELIEU

Grands et petits appartements et Restaurant à la carte. — Superbe salle à manger. — Bains, salon de lecture et fumoir.

HOTEL DES ÉTRANGERS

3, RUE VIVIENNE, 3

ENTRE LE PALAIS-ROYAL, LA BIBLIOTHÈQUE NATIONALE ET LA BOURSE

Très-recommandé.

GRAND HOTEL LAFFITTE

40, RUE LAFFITTE, 40

Grands et petits Appartements

DÉJEUNERS A LA CARTE ET DINERS DE TABLE D'HOTE

On parle toutes les langues.

CAFÉ RICHE

BIGNON AÎNÉ, PÈRE ET FILS, PROPRIÉTAIRES

Le **CAFÉ RICHE** est situé boulevard des Italiens et rue Lepeletier, sur la partie de ce boulevard que le monde élégant de toutes les nations a l'habitude de fréquenter.

Cette maison, de premier ordre et l'une des plus anciennes de Paris, est fréquentée surtout par les Etrangers de distinction. Les familles américaines et russes l'ont adoptée comme lieu de rendez-vous général. On y est comme chez soi, mieux que chez soi, le plus haut passant comme le plus simple.

Cet établissement respectable a pris pour devise de donner le bien-être à chacun, et il remplit ce devoir d'une façon sérieuse.

Outre les salles où on se réunit en public, il existe un grand nombre de salons de toutes grandeurs et du *meilleur goût*, où l'on peut déjeuner et dîner en famille ou en sociétés séparées.

Les *cuisines* ont une réputation européenne; elles sont d'une installation grandiose et simple, remarquables par leur tenue; on n'y emploie que des cuisiniers de premier ordre.

Les *caves* renferment les meilleurs vins de tous les *grands crus* de France, amenés *directement* des lieux de production par M. BIGNON, et soignés sous la direction du sommelier irréprochable GARADOT, bien connu des gourmets de tous les pays.

Outre les salons spécialement consacrés au **restaurant**, des salles de café et des fumoirs spacieux et bien aérés, construits par l'architecte NORMAND, réunissent, pendant toute la journée, une société du meilleur monde, mélange de Français et d'Etrangers qui s'y rencontrent, venant de tous les points du globe.

Les hommes les plus marquants dans la politique, dans la littérature, dans les arts ou dans les sciences et le journalisme, nos auteurs les plus renommés, ont l'habitude de s'y réunir pour souper ou pour causer, à la sortie des théâtres ou des soirées.

Cette maison est en même temps le siège de la **Société et du Cercle des agriculteurs de France**.

Le Café Riche, propriétaire de Vignobles importants dans les contrées à vins fins de Bordeaux, et dont les caves considérables s'approvisionnent directement chez les principaux propriétaires des grands vignobles de France, tient à la disposition des personnes qui fréquent l'Etablissement, des vins de choix, soit en bouteilles, soit en pièces, aux prix raisonnés tels qu'ils sont cotés aux lieux de production.

Paniers de vins fins pour voyage ou pour campagne, par 6, 12, 25 ou 50 bouteilles assorties.

Le Café Riche.

A LA REINE DES FLEURS

MAISON FONDÉE EN 1774

L. T. PIVER

PARFUMEUR - CHIMISTE

PARIS — 10, Boulevard de Strasbourg. — PARIS

LAIT D'IRIS

Pour la fraîcheur, l'éclat et la beauté du teint.

PARFUMERIE SPÉCIALE A BASE DE LAIT D'IRIS

Véritable SAVON au SUC de LAITUE

Le meilleur des savons de toilette.

PARFUMERIE FASHIONABLE

OPOPANAX

Véritable Essence....OPOPANAX	Cosmétique Superfin..OPOPANAX
Eau de Toilette.....OPOPANAX	Poudre de Riz......OPOPANAX
Savon Superfin......OPOPANAX	Cold Cream........OPOPANAX
Pommade Superfine..OPOPANAX	Sachet Fashionable..OPOPANAX
Huile Superfine.....OPOPANAX	Boîte de Parfumerie.OPOPANAX

EAU DENTIFRICE ODONTALGIQUE

QUALITÉ INCOMPARABLE

PARFUMERIE ESS-VIOLETTE

Extrait des fleurs, par le nouveau système de L. T. PIVER

Pour le Mouchoir......Ess-Violette	Huile..............Ess-Violette
Eau de Toilette........Ess-Violette	Poudre de Riz........Ess-Violette
Pommade..............Ess-Violette	Savon..............Ess-Violette
Cosmétique............Ess-Violette	Sachet............Ess-Violette

Dépôt chez les principaux Parfumeurs et Coiffeurs de France et de l'Étranger.

 PARIS 1867

Médaille d'Argent.

POITRASSON

CARROSSIER

PARIS

29, rue des Petites-Écuries, 29

 VIENNE 1873

Médaille de Mérite.

CHOCOLAT MENIER

En visitant l'usine de Noisiel, près de Lagny, spécialement consacrée à la fabrication du **CHOCOLAT MENIER**, on peut se convaincre des soins inusités ailleurs et qui y sont employés, et se donner en même temps une idée des développements énormes apportés à la préparation de cet aliment.

Cacaos de premier choix achetés directement dans les pays de production par des agents spéciaux, ou provenant en partie des plantations du **Valle-Menier**, *au Nicaragua;*

Machines hydrauliques et à vapeur, d'une force totale de 300 chevaux, outillage considérable de machines broyeuses de différentes formes, tout en granit, faites exprès, dans les dépendances de l'usine.

Ateliers où les cacaos sont choisis et triés avec le plus grand soin;

Vastes emplacements où le chocolat est refroidi sur des tables de marbre;

Chemin de fer mettant tous les ateliers des divers bâtiments en communication;

Personnel de plus de 500 ouvriers, hommes et femmes, employés au triage des cacaos et à leur torréfaction, au broyage et au pesage du chocolat, au pliage des tablettes et à la mise en caisse, chaque jour, de 12 à 15,000 kilogrammes que fournit l'usine.

Comme on le voit, rien n'a été négligé pour que le **Chocolat Menier** soit préparé dans des conditions exceptionnelles qui permettent d'offrir au consommateur, au prix modéré de 2 fr. le 1/2 kilog., un produit excellent que personne ne peut faire meilleur.

Pendant le siège de Paris principalement, les contrefacteurs se sont donné libre carrière pour répandre dans le commerce des produits de qualité inférieure, sous les marques de fabrique contrefaites de la maison MENIER. De nombreuses et sévères condamnations sont intervenues pour protéger le public et le fabricant contre des tromperies aussi pernicieuses.

Mais c'est au public surtout qu'il appartient, par quelque vigilance, d'**éviter les contrefaçons:**

Chaque tablette, en six ou en sept divisions, porte incrusté deux fois sur chaque bâton le nom de **MENIER** en toutes lettres, l'un en dessus, l'autre en dessous. — Il faut donc, avant toutes choses, comme garantie, **exiger le véritable nom.**

Bazar du Voyage

W. WALCKER

3, PLACE DE L'OPÉRA, 3

En face le Nouvel Opéra

USINE A PARIS
42, RUE ROCHECHOUART, 42

Envoi franco de Prospectus de Tentes,
Meubles de Jardin et Appareils de Gymnastique.

VAYLER, Chemisier

71, rue Neuve-Saint-Augustin (vis-à-vis la rue Scribe)

CHEMISES, CALEÇONS ET GILETS SUR MESURE

HAUTE NOUVAUTÉ EN CRAVATES
FOULARDS ET MOUCHOIRS

English spoken. — Man spricht Deutsch.

VAYLER, Shirt-Maker

AND GENERAL HOSIER

SHIRTS MADE TO ORDER SILK WEB-SPUN HOS'ERY

Cravats neck and pocket foulards of newest styles.
GLOVES, SILK SHIRTS, WOOLLEN SHIRTS

Moderate price.

6 Médailles — 3 en or, plus

ONT ÉTÉ DÉCERNÉS A

CRESPIN AINÉ

De Vidouville (Manche)

DEMEURANT A

PARIS, BOULEVARD ORNANO

Nos 11, 13 et 15

1° Pour avoir créé son genre de

VENTE A CRÉDIT

RECONNU CRÉATION UTILE

2° Pour la bonne qualité de ses marchandises et la modicité des prix de tout ce qui concerne

Machines à plisser et à tuyauter, Machines à coudre, Ménages, Toilettes, etc.

On ne paye pas plus cher qu'au comptant.

Les Machines à coudre sont livrées à moitié payement en province ; à Paris, elles sont délivrées avant moitié payement.

CRESPIN aîné n'a pas fermé pendant les deux siéges de Paris.

BREGUET
HORLOGER
12, RUE DE LA PAIX — PARIS
MAISON FONDÉE EN 1783
Correspondants
A Londres, KLAFTENBERGER, 157, Regent street,
A Constantinople, Maison MIR, Grand'Rue de Péra
New-York, H.-H. HEINRICH & C⁰, 8 et 10, John street.

AU PARAGON
DE FOX

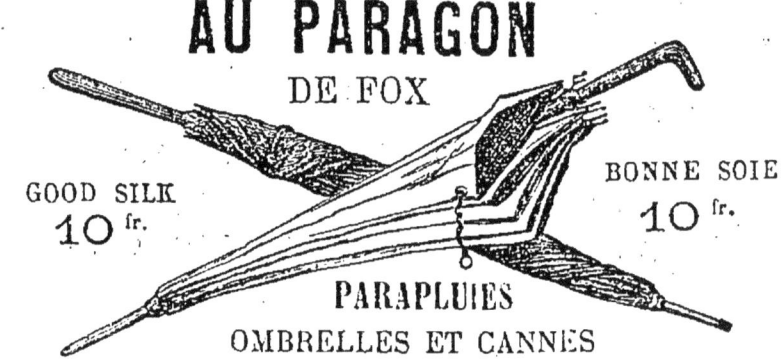

GOOD SILK
10 fr.

BONNE SOIE
10 fr.

PARAPLUIES
OMBRELLES ET CANNES

MODES ET COIFFURES

LA MAISON JENNY NAVARRE
BOULEVARD DES ITALIENS, 19

est transférée et réunie à la

Maison Valérie GRAUX, Julia DUCHAILLU, Sr

BOULEVARD DES ITALIENS, 33, au 1er

Au coin de la rue de la Michodière.

ENGLISH SPOKEN

Révolution dans l'Art de la Parfumerie

PARFUMERIE DES FÉES

MAISON SARAH FÉLIX

FONDÉE EN 1866

Rue Richer, 43

Marque de fabrique déposée.

CRÈME DES FÉES | POUDRE DES FÉES

DÉCOUVERTE SANS PRÉCÉDENT

Nouveaux produits propagés par M. SARAH FÉLIX pour l'HYGIÈNE DE LA PEAU et la BEAUTÉ DU VISAGE

Ces deux produits, exempts de toute matière nuisible, puisque, contrairement aux produits de ce genre, ils peuvent être absorbés par les voies digestives, sont incomparables pour donner immédiatement à la peau : *Blancheur, Transparence, Éclat.* — Ils sont souverains contre toutes les affections de la peau, telles que : **Couperose, Gerçures, Inflammations, Boutons, Taches de rousseur**, etc... et contre les **Brûlures**. Leur emploi est également recommandé aux jeunes filles, aux enfants et aux hommes. Elle est inaltérable et ne rancit jamais.

Bien lire le Prospectus et le mode d'emploi.

EAU DES FÉES, récompensée à l'Exposition de Vienne 1873 (diplôme de mérite), et aux grandes Expositions de France et d'Étranger.

Sans rivale pour la recoloration des cheveux et de la barbe.

POMMADE DES FÉES, dont l'emploi est particulièrement recommandé aux personnes faisant usage de l'EAU DES FÉES.

EAU DE POPPÉE, parfaite pour nettoyer la tête.

EAU DE TOILETTE DES FÉES, merveilleuse pour les soins de la toilette.

BOUQUET DES FÉES, parfum pour le mouchoir.

Maisons à Bruxelles, Marseille, Le Havre

DÉPOT A LONDRES, CHEZ HOVENDEN AND SONS
5, Great Marlborough Street.

MACHINES A VAPEUR VERTICALES

Diplôme d'honneur, Médaille d'or et grande Médaille d'or aux Expositions de Lyon et de Moscou, 1872. — Médaille de progrès, Expos. de Vienne, 1873. Membre du jury à l'Exposition de Paris, 1875.

LES SEULES SUR SOCLES-BATI ISOLATEUR

Chaudières inexplosibles.

portatives, fixes et locomobiles, de 1 à 20 chevaux. Supérieures par leur construction, elles ont seules obtenu les plus hautes récompenses dans les expositions et la médaille d'or dans tous les concours. Meilleur marché que tous les autres systèmes ; prenant peu de place ; pas d'installation ; arrivant toutes montées, prêtes à fonctionner ; brûlant toute espèce de combustible ; conduites et entretenues par le premier venu ; s'appliquant par la régularité de leur marche à toutes les industries, au commerce et à l'agriculture.

Envoi franco du Prospectus détaillé.

J. HERMANN-LACHAPELLE
144, *rue du Faubourg-Poissonnière.*
PARIS

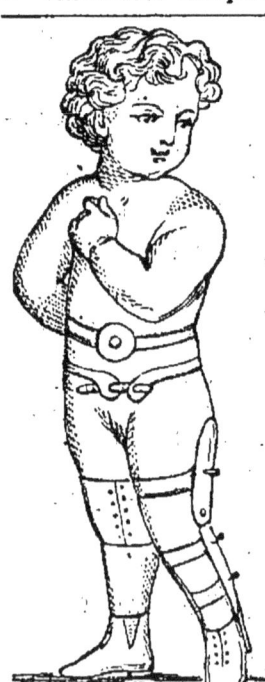

SPÉCIALITÉ POUR LES CAS DIFFICILES

BIONDETTI (Henri)

BANDAGISTE-ORTHOPÉDISTE

Membre titulaire de l'Académie nationale, décoré et honoré de 17 médailles par plusieurs Cours étrangères.

Pour bienfaits et services

RENDUS A L'HUMANITÉ

par l'innovation

DE SES APPAREILS HERNIAIRES

Le Bandage à Régulateur est reconnu le plus efficace pour la guérison et la contention des Hernies et Descentes. Il est recommandé par nos plus grandes célébrités chirurgicales et médicales. Ceintures, bas, suspensoirs, etc.

Pour toutes commandes, s'adresser directement à l'inventeur **Henri BIONDETTI**, 48, rue Vivienne, Paris (près du boulevard).— Reçoit de 1 heure à 4 heures.

PARFUMERIE GELLÉ FRÈRES
35, rue d'Argout, à Paris.
RÉGÉNÉRATEUR GELLÉ FRÈRES

Pommade supérieure

Cinquante années d'expérience nous permettent d'affirmer la puissance de cette pommade pour l'entretien, la conservation et presque toujours pour la régénération des cheveux.

PATE DENTIFRICE GLYCÉRINE
Procédé Eugène DEVERS

Lauréat de pharmacie.

Le meilleur des dentifrices et cependant le seul mis à la portée de tous.

Ce produit vous convaincra de la supériorité de la *Parfumerie à la glycérine de DEVERS*, chimiste

Cette pâte conserve aux dents leur beauté et calme l'inflammation des gencives.

| MÉDAILLE | **L. COTTE** | EXPOSITION |
| D'ARGENT | | DE 1875 |

BIJOUTIER

159-160, Galerie de Valois, Palais-Royal.

Spécialité de **Médaillons** (*genre ancien*), **Croix**, **Châtelaines**, **Bagues**

Nouveau FLACON BENVENUTO et VÉNITIEN

English spoken.

ORGUES D'ALEXANDRE
PÈRE ET FILS

Usine à Ivry-sur-Seine. Maison de vente, à Paris, 106, *rue Richelieu*

| ORGUES TRANSPOSITEURS | ORGUES DE SALONS |
| ORGUES A PERCUSSION | ORGUES DE LUXE |

Nouveau modèle à 4 octaves. — Prix : 75 fr.

Paris, 106, rue Richelieu.

CHOCOLAT DEVINCK

1849. Médaille de 1re classe.
1855. Exp. universelle de Paris, 2 Médailles de 1re classe.
1867. Expos. univ. de Paris, hors concours, grande Médaille d'or.

1862. Exp. univ. Londres, 3 M. 1re cl.
1865. Soc. d'encouragem. pour l'industrie nat., gr. Méd. d'or.

175, rue Saint-Honoré, Paris.

GRAVURE ET IMPRESSIONS EN TOUS GENRES
ALLAIN

Fournisseur de plusieurs grandes Administrations publiques, Banques, Sociétés de crédit, etc.

Cachets, Matrices, Timbres, Poinçons, Boutons de livrée, Cartes de visite, Pierres fines, Clichés et Gravures sur bois pour Annonces de Journaux, Prospectus, etc.

Paris, 12, quai du Louvre (*ancien quai de l'Ecole*).

INSTITUTION DES BÈGUES DE PARIS

90, avenue d'Eylau. — Directeur : **M. CHERVIN.**

Fondée en 1867, avec le concours de M. le Ministre de l'Instruction publique, et subventionnée par la ville de Paris — Succursales à Lyon, Marseille, Toulouse, Bordeaux, Lille, subventionnées par les Conseillers généraux et municipaux.

La Méthode-Chervin a été l'objet des rapports les plus élogieux de la part de l'Académie de médecine, des Sociétés de médecine de Lyon, Marseille, Toulouse, etc., officiellement chargées d'en apprécier les résultats. Elle ne comporte ni remède, ni opération, ni l'emploi d'aucun instrument dans la bouche ; elle est basée sur les règles ordinaires de la prononciation : c'est la méthode de Démosthènes, moins les cailloux.

Envoi franco, sur demande affranchie, de 32 rapports officiels sur la MÉTHODE-CHERVIN.

ORFÉVRERIE CHRISTOFLE

COUVERTS ALFÉNIDE

Manufacture à Paris, rue de Bondy, 56 | Représentants dans les principales villes
SUCCURSALE A CARLSRUHE | DE FRANCE ET DE L'ÉTRANGER

Marques de fabrique (CHRISTOFLE) — Poinçon du métal blanc dit Alfénide (ALFÉNIDE) (CHRISTOFLE)

ORFÉVRERIE
ARGENTÉE ET DORÉE
par les Procédés électro-chimiques
Orfèvrerie d'argent
GALVANOPLASTIE
Argenture & Dorure, Réargenture

EXPOSITIONS UNIVERSELLES
PARIS 1855
GRANDE MÉDAILLE D'HONNEUR
LONDRES 1862
DEUX MÉDAILLES
pour excellence des produits
PARIS 1867
HORS CONCOURS (Membre du Jury)

INSTITUTION ANCELIN, A SAINT-MANDÉ (SEINE)

5 et 7, rue Mongenot, près la gare, à l'entrée du Bois de Vincennes, à 10 minutes de la Bastille.
Desservi par le Chemin de fer de la Bastille et par le Tramway du Louvre.

Cours et Répétitions du Lycée Charlemagne
Baccalauréats et répétitions particulières.
Préparation aux écoles Polytechnique, Normale supérieure, de l'Ecole centrale, Navale, Forestière, de Saint-Cyr, des Mines.

ÉTUDES COMMERCIALES
Préparation aux Écoles d'Alfort, de Châlons et d'Agriculture de Grignon.
ALLEMAND, ANGLAIS

8,000 mètres carrés de superficie. — Quatre vastes cours et dortoirs. — Répétitions par des professeurs de l'École polytechnique, des élèves de l'École normale supérieure, de l'École centrale, etc. — Fortes études des Lycées de Paris. — Régime fortifiant de la campagne. — Cours particuliers pour les étrangers. — Quelques chambres particulières.

S'adresser au directeur, M. RAUCH, ancien principal de collège de 1re classe.

INSTITUTIONS DE DEMOISELLES

INSTITUTION DE DEMOISELLES
Dirigée par Mme LANGLET
A NEUILLY-sur-SEINE
33, avenue du Roule, et 24, rue de Chartres, près le Bois de Boulogne,
PARIS

Très-bel Établissement au milieu d'un magnifique jardin planté de grands arbres, spécialement recommandé pour la direction à la fois sérieuse et maternelle qu'y reçoivent les études et l'éducation. — PRIX MODÉRÉS. — Mme Langlet reçoit un nombre limité de pensionnaires libres. — Les Élèves étrangères sont conduites à leur église.

L'INSTITUTION
POUR DEMOISELLES
E. DE SAINT-AUBIN DELIGNIÈRES

Sous la direction de Mlle SULEAU (qui pendant bien des années a dirigé cet établissement), est transférée de la *rue Chateaubriand*, 14, dans un **spacieux château** situé dans un grand parc, **tout près du Bois de Boulogne, 1, RUE D'AUTEUIL**, une des parties les plus salubres de **Paris**.

INSTITUTION DE JEUNES DEMOISELLES
Dirigée par Mmes GELOT (*Brevet supérieur*)
NEUILLY, 15 et 17, avenue du Roule.

En face de l'ancien parc de Neuilly, près la porte Maillot et le Bois de Boulogne. Hôtels et Jardins parfaitement aérés. — Études complètes. Langues vivantes. Arts d'agrément. Cours spéciaux de langue et de littérature françaises pour les Demoiselles étrangères.

ESTABLISHMENT FOR YOUNG LADIES
CONDUCTED BY
MLLE DERICQUEHEM

PARIS, *rue Demours*, n° 10 (*quartier des Ternes*), *Formerly, rue de Clichy*, 57

This Establishment situated in one of the most agreable and healthy quarters of Paris, near the Champs-Élysées, and the Bois de Boulogne, has been built by the Proprietress expressly for a school, so that it is perfectly well adapted to its object. It has been remarkable for the very particular attention paid to every thing that could contribute to the comfort and welfare of the pupils.

Appendice 1876-1877

III

FRANCE

ARRAS — BOULOGNE

NORMANDIE — BRETAGNE

Blois. — Tours. — Limoges. — Périgueux Bordeaux — Toulouse, etc.

LES PYRÉNÉES

Dijon, Mâcon, — le Dauphiné, — la Savoie.

VICHY ET LE CENTRE DE LA FRANCE

LYON, MARSEILLE

ET LES VILLES D'HIVER DE LA MÉDITERRANÉE

MONACO — OREZZA — FONTARABIE

ARRAS. — Hôtel de l'Univers.
MINELLE, propriétaire.

Maison de premier ordre, recommandée aux familles et aux voyageurs. — Grands et petits appartements. — Salons particuliers. — Omnibus à la gare. — Chevaux et voitures à volonté.

BOULOGNE
(PAS-DE-CALAIS)

BAINS DE MER

Plage de sable dur et sans galets. — Casino. — Théâtre, Concerts, Fêtes ou représentations lyriques tous les jours. — Pèlerinages.

LE HAVRE
GRAND HOTEL ET BAINS FRASCATI
Ouvert toute l'année, reconstruit et meublé à neuf en 1871. Seul hôtel du Havre situé au bord de la mer. — Deux cents chambres et salons. — Eau chaude et froide à chaque étage. — Magnifique galerie en façade sur la mer, réunissant: Restaurant à la carte, Table d'hôte, Salons de danse, de réunion, de lecture. — Café, Divan, Billards, Fumoir. — Grand jardin avec gymnase pour les enfants. — *Omnibus et voitures à l'hôtel.* — Bien que Frascati soit à la hauteur des positions les plus élevées, il est aussi à la portée des fortunes modestes.

HOTEL D'ANGLETERRE
124 ET 126, RUE DE PARIS

Au centre des affaires. Nouvellement agrandi. Recommandé par son confortable et ses prix modérés. — Appartements pour familles. — Chambres depuis 2 fr. — Table d'hôte et restaurant à la carte.

BREST
HOTEL DES VOYAGEURS
Hôtel de premier ordre, *rue de Siam*, 16.
LAVENANT Frères, PROPRIÉTAIRES

Appartements et salons pour familles. — *On parle anglais et allemand.*

BLOIS GRAND HOTEL DE BLOIS. — Henri GIGNON, propriétaire. Etablissement de premier ordre au centre de la ville, près du château. — Bains d'eau de Loire dans l'hôtel. — Appartements pour familles. — Table d'hôte. — Equipages et voitures pour Chambord, Chaumont, etc.

TOURS
HOTEL DE LA BOULE D'OR
29, rue Royale, 29

De premier ordre. Recommandé aux familles par sa situation et son confortable. — Omnibus à tous les trains.

LIMOGES
GRAND HOTEL DE LA PAIX
Place Jourdan, en face du palais de la Division.

Établissement de premier ordre construit récemment, meublé avec élégance et confortable, *situé sur la plus belle place de la ville*. — Omnibus à la Gare.

PÉRIGUEUX HOTEL DE FRANCE, tenu par GROJA. — Belle situation. Etablissement 1er ordre et le plus recommandé. — Voiture à tous les trains. — **Comestibles truffés.** — Pâtés du Périgord, Terrines, Dindes, Chapons, etc., etc. — **Commerce de Truffes.** — Expéditions en France et à l'Etranger.

BORDEAUX, 1, rue David-Johnston. **ÉTABLISSEMENT DE LONGCHAMPS.** — **Grand Etablissement hydrothérapique médical**, fondé par M. le Docteur **Paul DELMAS**, pour le traitement des **Maladies chroniques curables** du système nerveux, des voies digestives, génito-urinaires, respiratoires, des muscles, des articulations, etc., etc. Appareils complets d'hydrothérapie. — Douches minérales. — Bains de vapeur térébenthinés, etc. — Douches écossaises. — Pulvérisation d'eaux minérales. — Appareils électriques, gymnastique médicale, etc. — Appartements et table de famille dans l'établissement. S'adresser au **Directeur** ou au **Médecin en chef** de Longchamps.

TOULOUSE PHARMACIE CAZAC, 11, rue Fermat, près de la place Saint-Etienne. — **Entrepôt central d'Eaux minérales** françaises et étrangères, et principalement de celles des Pyrénées et de l'Ardèche.
N. B. Les eaux minérales des Pyrénées sont livrées en toute saison aux mêmes prix que dans les établissements thermaux.

STATION D'HIVER ## PAU STATION D'HIVER
GRAND HOTEL GASSION
Tenu par **LAFOURCADE frères**, *propriétaires*.

Family Hotel. — On parle toutes les langues. — Omnibus à tous les trains. — Voitures de ville dans l'hôtel même. — Panorama splendide, unique dans le monde. — Ascenseur hydraulique. — Bains et douches dans l'établissement.

DAX (LANDES)

THERMES DE DAX

OUVERTS TOUTE L'ANNÉE

STATION D'HIVER   STATION D'ÉT[É]

STATION UNIQUE EN EUROPE pour les **Rhumatismes** [et] les **Maladies de Poitrine**. — Près de Pau et Biarritz.

Ce vaste **Établissement Thermal** contient aussi un gran[d] **Hôtel**: *Table de famille, Salons de réunion; Appartements confor*[-]*tables, Galeries vitrées* de 280 *mètres de longueur*, servant de pr[o]*menade à l'intérieur*, tenues tout l'hiver *à la température constante* [de] 16 à 18 *degrés* par la chaleur naturelle des sources, et **destinée**[s] **spécialement aux maladies de la poitrine et du laryn**[x].

Installation Balnéothérapique remarquable: Sall[es] de bains *d'eaux et de boues*, douches *d'eaux, de vapeurs et de ga*[z] piscines *de natation*, salles *de respiration*, douches *laryngées*, *pulvé*[-] *risation* des eaux.

Boues sulfurées chaudes de Dax, très-efficaces dans l[es] *rhumatismes, gouttes, névralgies, névroses, paralysies.*

Soins du médecin, traitement, nourriture et logement, **70 à 90 f**[r.] **par semaine** — *Sans traitement*, **45 à 65 fr.** — *Domestiqu*[es] *et enfants*, **30 à 35 fr.**.

S'adresser au DIRECTEUR ou au MÉDECIN EN CHEF d[es] *Thermes de Dax.*

STATION D'HIVER   **DAX** (LANDES)   STATION D'É[TÉ]

ÉTABLISSEMENT THERMAL
DES BAIGNOTS
OUVERT TOUTE L'ANNÉE

Boues et Eaux thermales et minérales. — Douch[es] chaudes et froides. — B[a]ins de vapeur aux vapeurs naturelles d[es] sources. — Buvette sulfureuse dans l'Etablissement même. — Va[ste] Jardin anglais entourant l'Etablissement. — Prix par jour : 7 fr. 50 première table ; 5 fr. la deuxième ; *traitement, logement, nourriture*[,] *vin compris.* — Directeur : **MARION**. — Un médecin réside d[ans] l'Etablissement et y est spécialement attaché.

ARCACHON

GRAND HOTEL

Sur la plage. — Trois façades sur la mer, une sur le Casino. — Plus de 100 chambres de maître, depuis 3 fr.
Saison d'été : Table d'hôte, vin compris : déjeuner, 4 fr.; dîners, 5 fr. 50. Restaurant à la carte et à prix fixe. Enfants au-dessous de 5 ans, demi-place. Domestiques, par jour : chambre, 1 fr. 50; nourriture, 5 fr.
Saison d'hiver : Pension depuis 10 fr. par jour, suivant la chambre. — Bains de mer. — Hydrothérapie complète.
Dépendances du Grand Hôtel : VILLAS dans la forêt, de 500 fr. à 1,000 fr. par mois. — CASINO. — Splendide parc. — Représentations théâtrales. — Concerts. — Bals d'enfants, etc.
Pour tous renseignements, s'adresser à l'agent principal de la *Société immobilière*.

VINS ET SPIRITUEUX

Renseignements gratuits pour la location des villas.
S'adresser à MM. BÉCHADE et BRANNENS, seuls mandataires de plus de 300 propriétaires, directeurs de l'agence Drouet, 276, boulevard de la Plage.

STATION D'ÉTÉ BAGNÈRES-DE-BIGORRE **STATION D'HIVER**
18 heures de Paris. — 24 heures de Marseille. — Au centre de toutes les stations thermales pyrénéennes. — Eaux salines, ferrugineuses, arséniacales. — Bains et boisson. — Eaux sulfureuses de Labassère. — Douches, Vaporarium. — Casino, Théâtre, Musée, Bibliothèque, Musique en plein air. — Excursions faciles dans les montagnes.

EAUX-BONNES

GRAND HOTEL DES PRINCES. — Cet établissement de 1er ordre, ouvert toute l'année, magnifiquement situé en face le kiosque des Concerts du jardin Daralde, offre par son confort et sa bonne tenue tous les avantages désirables aux baigneurs et touristes. — 150 chambres et salons. Vaste salle à manger. Restaurant. Café. Salles de réunion, de concerts et de lecture. Ascenseur à chaque étage, système Ledoux. Voitures de promenade et de voyage. Chevaux de selle et Guides pour excursions. Correspondance directe du chemin de fer.

AMÉLIE-LES-BAINS
Seule station thermale d'hiver.

HOTEL DES THERMES ROMAINS Offrant tout le confort désirable et surtout la facilité de suivre en hiver la cure thermale, sans s'exposer à l'air extérieur. Chambres et corridors chauffés par l'eau minérale. Vaste promenoir couvert dans les Thermes. — *Directeur-Gérant :* M. GATINEAU.

Dijon

HOTEL DE LA CLOCHE
Tenu par GOISSET

A proximité de la gare, à l'entrée de la ville. Maison de premier ord[re]
agrandie en 1870. Ancienne réputation. — Appartements pour famil[les]
Voitures de promenade. Omnibus à la gare. Table d'hôte et ser[vice]
particulier. Salon de lecture. Fumoir. Journaux français et anglais.

Man spricht deutsch. — English spoken.

EXPÉDITION DE VINS DE BOURGOGNE

HOTEL DU JURA

Le plus près de la gare. — DAVID et MERCIER, propriétaires. — M[ai]
son de premier ordre, agrandie considérablement en 1875. — Engl[ish]
spoken. — Man spricht deutsch.

Expédition de Vins de Bourgogne.

GRAY (Haute-Saône)
HOTEL DE LA VILLE DE LYON

ROUSSET-FOREST, propriétaire. — Au centre des affaires. — Recom[
mandé à MM. les voyageurs par sa situation et son confortable. — Omn[i]
bus de l'hôtel à tous les trains.

Mâcon

HOTEL DE L'EUROPE
Tenu par BATAILLARD

Premier hôtel de la ville, admirablement situé sur le quai de Saône.
Station centrale entre Paris, la Suisse, l'Italie, Marseille, etc.
Grands et petits appartements.
Expédition des vins de Mâcon.

PARAY-LE-MONIAL (Saône-et-Loire)
GRAND HOTEL DE LA POSTE

Tenu par BOUNERAY, propriétaire. — Hôtel de premier ordre, entière
ment restauré à neuf et offrant tout le confortable désirable. — Appartements de familles. — Omnibus de l'hôtel à tous les trains. — Voitures
à volonté.

AIX-LES-BAINS

Grand Hôtel de l'Europe

Tenu par BERNASCON

Maison de premier ordre, admirablement située, près de l'Établissement thermal et du Casino.
Vue splendide du lac et des montagnes; beau jardin d'agrément.
Vaste salle à manger.
Grands et petits appartements. — Chalet pour familles.
Grands salons de lecture et de réunion; fumoir. En um mot, cet hôtel ne laisse rien à désirer sous tous les rapports.
Equipages écuries et remise. Omnibus à tous les trains.

GRAND HOTEL DE L'UNIVERS

ET DES AMBASSADEURS RÉUNIS

HÔTEL DE PREMIER ORDRE, OUVERT TOUTE L'ANNÉE

Vaste jardin. — Vue splendide. — Omnibus de l'hôtel à tous les trains.

RENAUD, propriétaire.

HOTEL DES BAINS

(ANCIEN HOTEL DARDEL)

Situé près l'Établissement thermal et le Casino.

On y trouve tout le confort d'une maison de premier ordre.
Service exact.

Tenu par le propriétaire, M. DARDEL.

GRAND HOTEL DE LA POSTE

(SAVOIE)

Helme GUILLAND, propriétaire

Situé près de l'Établissement thermal et du Casino, cet Hôtel, avantageusement connu, vient d'être considérablement agrandi, restauré et meublé avec luxe. — Il offre aux familles et aux baigneurs tout le confort que l'on peut désirer. — On y parle anglais et italien.

AIX-LES-BAINS

GRAND HOTEL D'AIX

(*Ex-Hôtel Impérial*) OUVERT TOUTE L'ANNÉE

Tenu par E. GUIBERT

Etablissement de premier ordre, admirablement placé près du Jardin public, du Casino et à proximité de l'Etablissement thermal ; 80 chambres et 8 salons ; salons de musique, de lecture, de conversation et fumoir. — Omnibus à la gare. — Voitures de remise.

HOTEL LAPLACE

(ANCIENNE MAISON GUILLAND)

GRANDE MAISON MEUBLÉE

Rue du Casino, en face l'Etablissement thermal.

L'Hôtel, remis à neuf, et le jardin, ont reçu des embellissements considérables. — Appartements, chambres et service très-confortables.

HOTEL DES PRINCES

Tenu par GUIBERT

A côté du Télégraphe, près l'Etablissement thermal et en face le Jardin public. — Table d'hôte. — Grand jardin. — Omnibus.

GRAND HOTEL DAMESIN

TENU PAR LE PROPRIÉTAIRE

Hôtel de 1er ordre, situé rue de Chambéry, près du Casino et de la Gare, en face du Jardin public. — Vue du lac. — Grand jardin, salon de réunion et piano. — Table d'hôte et tables particulières.

EN VENTE

A la Bibliothèque de la Gare

ET CHEZ LES LIBRAIRES D'AIX-LES-BAINS

LES JOURNAUX DU JOUR

LES NOUVEAUTÉS LITTÉRAIRES

ET LA

Collection complète des GUIDES JOANNE

LA BAUCHE (Savoie)

EAU MINÉRALE NATURELLE

PROTOFERRÉE, BICARBONATÉE, ALCALINE
HYPOSULFITÉE ET AMMONIACALE

LA SEULE de toutes les eaux minérales françaises et étrangères qui ait reçu le diplôme de mérite aux deux Expositions de Vienne et Lyon 1873. — Médaille d'or de première classe à l'Académie nationale de Paris. — Diplôme de mérite avec médaille d'argent à l'Exposition de Marseille 1874.

Ses titres sont : Richesse la plus grande de l'Europe en protoxyde de fer (0,172 par litre), digestibilité, limpidité, goût agréable; eau de table par excellence, n'altérant pas le vin; reconstituante au plus haut degré. L'expédition des eaux de la Bauche se fait par caisses de 20, 25, 30 et 50 bouteilles.

PASTILLES préparées avec l'extrait des sels contenus dans cette eau.

HOTEL et PENSION pour recevoir les personnes qui désirent boire l'eau à la source ou la prendre en bains. — Site ravissant, air très pur. — Promenades alpestres.

Écrire d'avance au Régisseur des eaux thermales de LA BAUCHE, près Chambéry (Savoie).

ALLEVARD-LES-BAINS

Hôtel du Louvre.

F. BERTHET, propriétaire, directeur, tenant à

HYÈRES (Var)

L'HOTEL DES ÉTRANGERS, considérablement agrandi. Il se recommande par son excellente position en plein midi, la vue de la mer et des îles, et le confort de sa table.

ANNECY ET SON LAC
GRAND HOTEL D'ANGLETERRE

Le plus vaste et le mieux situé de la ville, entre le Lac et la Visitation. Seul service direct de diligence pour Genève et Chamonix (bureau dépendance de l'hôtel). — Télégraphe et poste aux lettres dans l'hôtel.

Man spricht Deutsch. English spoken.

GORGES DU FIER

Station de Lovagny — d'Aix-les-Bains à Annecy.

CHALET-RESTAURANT DES GORGES DU FIER
à l'entrée de la gorge.
PROPRIÉTÉ DU GRAND HOTEL D'ANGLETERRE D'ANNECY
Bureau télégraphique au Chalet.

Avis important. — Ne pas confondre cet établissement, situé à l'entrée de la gorge et où les billets d'entrée de la galerie doivent être pris, avec le restaurant près de la gare.
Pour tous les renseignements sur les Gorges, s'adresser au GRAND HOTEL D'ANGLETERRE, concessionnaire de l'Etat et de la Compagnie des chemins de fer Paris-Lyon-Méditerranée.

SEMNOZ-ALPES

Observatoire unique des grandes Alpes. — 1,800 mètres d'altitude.
450 kilom. d'Alpes neigeuses à l'horizon.

HOTEL AU KULM

Vaste salle à manger. — Salons nombreux et chambres à coucher. Même confortable que dans les établissements analogues de la Suisse.

Pour tous renseignements sur cette excursion et le séjour, s'adresser au Grand Hôtel d'Angleterre d'Annecy.

ANNECY ET SON LAC
(HAUTE-SAVOIE)

GRAND HOTEL VERDUN ET DE GENÈVE
RÉUNIS
Les seuls en face du Lac.

E. VERDUN, propriétaire.

BRIDES-LES-BAINS & SALINS
PRÈS MOUTIERS (SAVOIE)

Voitures de correspondance à Chamousset, station du chemin de fer Paris-Lyon-Méditerranée au Mont-Cenis.

EAUX MINÉRALES DE BRIDES, les seules eaux réellement purgatives de France, remplaçant les eaux de Carlsbad, Kessingen et Pullna, recommandées pour toutes les maladies de l'estomac, des intestins, du foie, etc.

EAUX DE SALINS, toniques et reconstituantes, employées dans toutes les maladies provenant du lymphatisme.

Ces charmantes stations thermales, situées au milieu des Alpes, dans la plus magnifique situation, jouissent d'une température modérée et sans variations.

HOTELS — CASINO

S'adresser, pour tous renseignements et locations, à l'Administrateur délégué de la Société générale de *la Tarentaise*, propriétaire des établissements, à **Brides-les-Bains**.

CHAMBÉRY

GRAND HOTEL DE LA POSTE

Succursale (Hôtel Poitevin à Brides-les-Bains)

POITEVIN, *propriétaire.*

Maison de premier ordre, bien située, au centre de la ville, à proximité des promenades. — Grands et petits appartements très-confortables pour familles. — Table d'hôte et service particulier. — On y parle anglais et italien. — Voiture dans l'hôtel.

HOTEL DE FRANCE

CHIRON, PROPRIÉTAIRE.

Établissement de premier ordre, à proximité du débarcadère et des promenades. — Chambres et salons. — Appartements et service confortables. — Prix modérés. — On y parle l'anglais et l'allemand. — Omnibus à tous les trains.

L. RAYNAUD, SUCCESSEUR.

HOTEL DE L'EUROPE

Établissement de premier ordre,

17, rue d'Italie, à cinq minutes de la Station.

Cet hôtel, convenablement situé, complètement réparé et remis à neuf, peut être hautement recommandé. — Grands et petits appartements meublés avec soin. — Bains très-luxueux et douches de vapeur dans l'hôtel. — On y parle anglais, et des arrangements à prix très-modérés sont faits pour la pension pendant l'hiver. **CHAMBÉRY**, ancienne capitale de la **SAVOIE**, est le point généralement choisi et celui qui convient le mieux pour s'arrêter de Paris en Italie.

MONNETIER (HAUTE-SAVOIE)
Entre le Grand et le Petit Salève

HOTELS DE LA RECONNAISSANCE & DU CHATEAU DE L'ERMITAGE

M PERRÉARD-FAURAX, propriétaire. — 150 chambres et salons. — Table d'hôte. — Pension. — Salle de lecture. — Grand et beau jardin. — Vue splendide. — Départ deux fois par jour de l'omnibus de Genève (Grand Quai, 26). Trajet en 1 heure 1/2.

CHAMONIX
HOTEL ET PENSION DES ALPES

Ancien Hôtel du Nord,

Tenu par F.-F. CLOTZ, propriétaire.

Vue splendide sur le Mont-Blanc. — Grand jardin appartenant à l'hôtel. — Bonne table. — Service soigné. — Prix très-modérés.

GRENOBLE

HOTEL MONNET
LE PLUS CONFORTABLE
TRILLAT, gendre et successeur
Table d'hôte à onze heures et à six heures
OMNIBUS DESSERVANT TOUS LES TRAINS
Hôtel et Restaurant tenu par MONNET, à Uriage-les-Bains.

GRAND HOTEL DE L'EUROPE

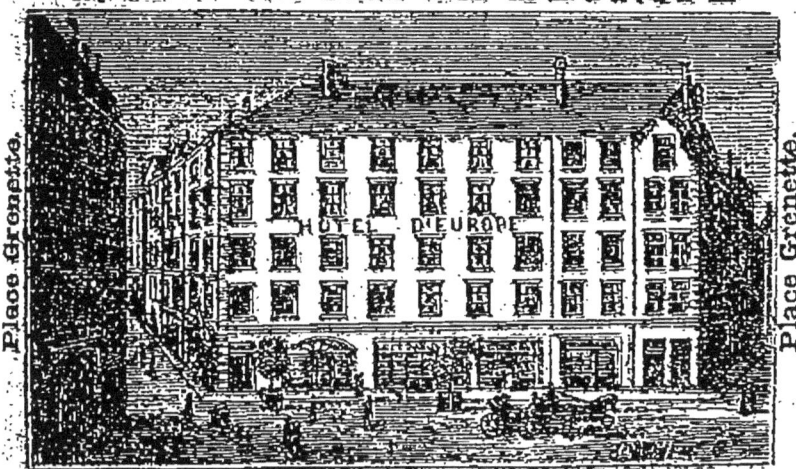

Vue splendide. Particulièrement recommandé aux familles et aux touristes. Grands et petits appartements. — Salon de lecture. — Fumoir. — Voitures particulières pour la Grande-Chartreuse, Notre-Dame-de-la-Salette, Uriage-les-Bains. — Omnibus à tous les trains.

SAINT-GERVAIS (HAUTE-SAVOIE)

HOTEL DU MONT-JOLY
ET PENSION
Saint-Gervais-les-Bains.
Confort. — Prix modérés. — *English spoken*. — *Mann spricht Deutsch*.

HOTEL DES ALPES, Saint-Gervais-le-Fayet.
A 12 minutes de l'Etablissement thermal, dans une position exceptionnelle pour ceux qui veulent user des eaux. On reçoit également les touristes de passage. Maison de pension très-confortable.
Voitures, guides et mulets, pour promenades et excursions.

ÉTABLISSEMENT THERMAL D'URIAGE

(Près GRENOBLE (Isère)

OUVERTURE LE 15 MAI

Sulfureuses et salines, les eaux d'URIAGE sont à la fois dépuratives et fortifiantes. Elles conviennent surtout aux enfants et aux personnes délicates.

L'Etablissement d'URIAGE est situé dans la plus belle partie du Dauphiné, à proximité de la Grande-Chartreuse, sur la route de la Savoie, de la Suisse et de l'Italie.

GRANDS HOTELS — APPARTEMENTS DE FAMILLES
TÉLÉGRAPHIE PRIVÉE
Trajet direct de Paris en 14 heures.

Vichy
GRAND HOTEL DU PARC

EN FACE DU PARC

du Casino et de l'Etablissement thermal

GERMOT, propriétaire.

Vastes remises et écuries installées avec tout le confort moderne.

PAVILLONS SÉPARÉS POUR FAMILLES

VOITURES DE PROMENADE & OMNIBUS A TOUS LES TRAINS

Vichy
GRAND HOTEL DES AMBASSADEURS

EN FACE DU CASINO ET DU KIOSQUE DE MUSIQUE

The **HOTEL DES AMBASSADEURS** is frequented by the nobility and gentry of England.

The HOTEL is the largest and the best situated in Vichy.

Les prix varient suivant les étages, depuis **16** jusqu'à **18** fr. par jour, y compris la chambre et la table d'hôte, à 10 h. et à 5 h. 1/2.

200 chambres, salons de familles, de **10** à **50** fr. par jour.

Salle à manger de 200 couverts. Salon de fête pouvant contenir 500 personnes. Salon-fumoir, Billard, etc.

ÉTABLISSEMENT THERMAL — PROPRIÉTÉ DE L'ÉTAT

VICHY

Administration de la Compagnie concessionnaire,
Paris, 22, boulevard Montmartre.

LES PERSONNES QUI BOIVENT
l'Eau minérale de Vichy

Ignorent souvent qu'il n'est pas indifférent de boire de telle ou telle source, car une source indiquée spécialement dans une maladie peut être contraire ou nuisible dans une autre. Voici quelles sont les principales applications en médecine des **SOURCES DE L'ÉTAT à Vichy : Grande-Grille**, maladies du foie et de l'appareil biliaire ; — **Hôpital**, maladies de l'estomac ; — **Hauterive**, affections de l'estomac et de l'appareil urinaire ; — **Célestins**, gravelle, maladies de la vessie, etc.

La *caisse* de 50 bouteilles (emballage *franco*) coûte :
A PARIS, **35** fr. — A VICHY, **30** fr.

VICHY CHEZ SOI

Les personnes que la distance, leur santé ou la dépense empêchent de se rendre à l'établissement thermal, trouvent, au moyen de l'emploi simultané de l'Eau minérale en boisson et des Bains préparés avec les sels extraits des Eaux minérales de VICHY, aux sources mêmes, **sous le contrôle de l'État**, un traitement presque semblable à celui de Vichy. — Ces sels n'altèrent pas l'étamage des baignoires.

Ces bains s'expédient en rouleaux de 250 grammes : **1** franc *franco* par 20 rouleaux dans toute la France. Chaque rouleau contient un bain.

PASTILLES DIGESTIVES DE VICHY

Fabriquées avec les sels extraits des sources, **sous le contrôle de l'État**, ces pastilles jouissent tous les jours d'une réputation plus grande. Cette réputation est justifiée par leur efficacité. Elles forment un bonbon d'un goût agréable, et d'un effet certain contre les aigreurs et les digestions pénibles.

Boîtes de 500 gr. : **5** fr., *franco* dans toute la France.

L'ÉTABLISSEMENT THERMAL EST OUVERT TOUTE L'ANNÉE. Le Casino n'est ouvert que du 15 mai au 1er octobre. Tous les jours, il y a concert matin et soir dans le parc, et tous les soirs, concerts, bals et représentations théâtrales dans le Casino. Le Casino de Vichy est aujourd'hui le seul monument rivalisant avec les plus beaux monuments de l'Allemagne.

Trajet direct en chemin de fer.

On se rend de tous les pays à Vichy par les Chemins de fer.

(Voir l'**Indicateur des Chemins de fer**, p. 41, et le **Livret-Chaix**, p. 244.)

VICHY. — GRAND HOTEL
BONNET, propriétaire

Sur le Parc, en face le Casino et le nouveau kiosque de la musique au centre des Sources et des Bains.

Hôtel de premier ordre. — Fréquenté par l'élite de la société qui visite nos thermes. — Recommandé par sa position exceptionnelle et son grand confortable. — Magnifique salle de restaurant pour service particulier et à la carte. — Grands et petits appartements pour famille. — Interprètes, journaux français et étrangers. Voitures et omnibus à la gare.

ROYAT-LES-BAINS (PUY-DE-DÔME)

Eaux thermales alcalines mixtes, bi-carbonisées, chlorurées, sodiques, ferrugineuses et lithinées.

SPLENDIDE HOTEL

Situé sur le Parc, en face de l'établissement thermal et du Casino.

OUVERTURE LE 1er MAI

CHABASSIÈRE, propriétaire des Hôtels de Royat réunis.

200 chambres, salle à manger de 300 couverts, salons particuliers, salle de billard ouvrant sur des terrasses dominant un magnifique panorama. Royat est à 20 minutes de Clermont, 2 heures de Vichy, 8 heures de Lyon, 12 heures de Nîmes, 12 heures de Paris.

LE PUY (Haute-Loire)

GRAND HOTEL DE L'EUROPE, tenu par PRULIÈRE, successeur D'ALIROL-LAVAL. — Hôtel de premier ordre, nouvellement agrandi. — Appartements pour familles. Salons particuliers. Confortable et prix modérés. Omnibus à tous les trains. Voitures particulières pour excursions.

LYON

EN VENTE

AUX GARES DE PERRACHE, DE VAISE
ET DES BROTTEAUX

ainsi que

CHEZ LES PRINCIPAUX LIBRAIRES

DE LA VILLE

la

Collection complète

DES

GUIDES JOANNE

Grand Hôtel du Globe

RUE GASPARIN, 21, PRÈS LA PLACE BELLECOUR

BILLOT, propriétaire.

Installation moderne, offrant aux familles de confortables appartements au rez-de-chaussée et à tous les étages. — 110 chambres pour voyageurs à différents prix. — Cabinet de lecture et fumoir. — Salon de conversation avec piano. — Table d'hôte et services particuliers. — Interprètes. — Omnibus à la gare. — **Prix modérés.**

LYON

GRAND HOTEL BELLECOUR
ANCIEN HOTEL BEAUQUIS. — BRON, PROPRIÉTAIRE

Hôtel agrandi, restauré et meublé à neuf. — Façade d'entrée sur la place Bellecour, près le grand bureau de poste et l'église de la Chárité. — Grands et petits appartements pour familles. Installation confortable. — Salons et appartements au rez-de-chaussée. Table d'hôte. Interprètes. Voitures, omnibus.

GRAND HOTEL DE BORDEAUX & DU PARC
Le plus près et le plus en vue de la gare de Perrache.

LAPAIRE, propriétaire. — Maison de premier ordre. — Nouveaux agrandissements. — Salons et appartements pour familles. Bon restaurant. — *English spoken.* — *Hier spricht man deutsch.*

CAFÉ-RESTAURANT JEAN MADERNI

Rue de Lyon, 19, et place de la Bourse, en face la Bourse, la Banque et le Grand-Hôtel. — Grands salons pour noces et diners de corps, depuis 20 jusqu'à 150 couverts. Entrée spéciale par le grand escalier, place de la Bourse. Dîners à la carte et à prix fixe. Service au dehors pour dîners et soirées. — On parle toutes les langues.

AU PLUS BEAU PANORAMA DU MONDE
Observatoire, Restaurant et Passage Gay.

Seul établissement pour voir le splendide panorama de Lyon.

ÉLIXIR ANTI-RHUMATISMAL DE SARRAZIN-MICHEL
A AIX (BOUCHES-DU-RHONE)

Guérison sûre et prompte des Rhumatismes aigus et chroniques, Goutte, Lumbago, Sciatique, Migraine, etc. — 10 francs le flacon.

A Paris : MM. Dorvault, Truelle, Lefebvre, Faure-Darasse, Hugot, Adrian et C°, droguistes. — Au détail : Blayn, pharm., rue du Marché-Saint-Honoré, 7; Léchelle, pharm., rue Lamartine; Dethan, pharm., rue du Faub.-Saint-Denis, 90; Lionnet, pharm., boulev. Malesherbes, 61; D' André Lebel, 113, rue Lafayette. Et chez les principaux pharmaciens de chaque ville.

PLUS DE FEU. — 50 ans de succès. — 5 fr. — Liniment Boyer-Michel, d'Aix. — Guérison sûre des Boiteries, Entorses, Foulures, Ecarts, Molettes, Courbes, Vésignons, etc. A Paris, chez BLAYN, pharm., 7, rue du Marché-Saint-Honoré; ANDRÉ LEBEL, phar., 113, r. Lafayette; DETHAN, pharm., rue du Faub.-Saint-Denis, 90; LIONNET, pharm., boulev. Malesherbes, 61. — Et chez les principaux pharmaciens de chaque ville.

MARSEILLE

LE ROUCAS-BLANC

ÉTABLISSEMENT D'EAUX THERMALES

ET BAINS DE MER

Situé à l'extrémité Nord de la plage du Prado

OUVERT TOUTE L'ANNÉE

L'Eau chlorurée sodique magnésienne du Roucas-Blanc est supérieur à toutes les eaux chlorurées sodiques magnésiennes d'Allemagne, telles que **Pullna' Kissingen, Kreusnach et Wiesbaden.**

Sa richesse de minéralisation la rend capable de produire les mêmes effets à des doses moindres. Elle est énergiquement purgative à la dose de 2 à 3 verres. A la dose d'un verre à vin de Bordeaux, prise à jeun tous les matins, elle est laxative et guérit les constipations les plus opiniâtres si on en prolonge l'usage. Prise en quantité déterminée par les médecins, elle agit comme altérante, fondante et reconstituante dans les scrofules, l'anémie et la chlorose.

Etablissement hydrothérapique complet. — Buvette, bains minéraux et de vapeur; douches d'eau de mer, d'eau minérale, d'eaux douces. — Bains à l'hydrofère simples et composés. — Douches rectales et vaginales d'eau minérale. — Bains électriques.

Chambres d'inhalation et de respiration de substances médicamenteuses pour le traitement des maladies de la gorge et de la poitrine. — Traitement par l'électricité. — Piscines chauffées à divers degrés. — Natation possible en toute saison.

Bains de mer. — Deux vastes bassins, dont l'un pour dames et l'autre pour hommes, d'une superficie de 40,000 mètres carrés. — Cabines particulières pour familles et pensionnats.

Eau minérale. — Le débit de la source étant de 3,000 litres par minute, permet d'alimenter de vastes piscines de 500 mètres de surface où l'on pourra se baigner en toute saison et remplacer avec avantage les bains de mer pendant les temps froids et pluvieux.

Bains chauds, hydrothérapie, bains de vapeur, salles d'inhalation, pulvérisation par l'eau minérale et l'eau de mer.

MARSEILLE
GRAND HOTEL de MARSEILLE
Maison de premier ordre, la plus rapprochée de la gare.
BLANC, propriétaire.

HYÈRES

HOTEL D'EUROPE, tenu par GIRAUD. — Pension pour familles et touristes de 6 fr. 50 à 10 fr. par jour, selon la chambre. — Appartements, belle situation. — Deux grandes terrasses ayant vue sur la mer et les îles d'Hyères, à la disposition des voyageurs. — Omnibus à la gare et voitures à volonté.

HOTEL DES HESPÉRIDES
MAISON DE PREMIER ORDRE

Situation des plus salubres, sur la Terrasse des Palmiers. Se recommande tout particulièrement par son confort et ses prix modérés.

MARTIN, *propriétaire.*

Grand Hôtel du Parc

Ancien CHATEAU FARNOUX

WATTEBLED (de Lyon) Propriétaire

Situé en plein midi, sur la promenade des Palmiers, dans un immense jardin d'orangers, myrtes, rosiers, etc., etc.

Cannes

HOTEL ET PENSION D'EUROPE

Position abritée éloignée de la mer.

PRIX MODÉRÉS.

GRAND HOTEL DE PROVENCE

Eloigné de la mer.

Magnifique vue de la Méditerranée et des Montagnes.

Nice

HOTEL RAISSAN

AVENUE BEAULIEU

Pension pour familles. — Exposition au midi et centrale.
Quartier Carabacel.

LONDON HOUSE

Restaurant des FRÈRES PROVENÇAUX

Ouvert la nuit et toute l'année

Rue Croix-de-Marbre, 3, et Jardin-Public, 10

A. COGERY, ex-chef de M. le comte Paul Demidoff. — Maison spéciale pour les Dîners en ville et Parties de pique-nique. — Cuisine russe, Blinis et Pâques russes. — Comestibles russes et Primeurs.

Salon de société. — Jardin d'hiver.

EN FACE DU THÉÂTRE FRANÇAIS DE NICE

HOTEL ET RESTAURANT DE LA MAISON DORÉE

TENU PAR

E. PIPON	E. RICCI
ancien propriétaire du café de la Victoire.	du Casino et Restaurant d'Aix-les-Bains.

Salons et Appartements au midi.

OUVERT TOUTE LA NUIT

HYÈRES

(VAR)

STATION D'HIVER

Place des Palmiers, à Hyères.

Hyères est la plus ancienne station hivernale de la Méditerranée. Si le caprice ou la mode lui a créé des rivales heureuses, cette ville n'en restera pas moins la première entre toutes pour les malades.

Bâtie en amphithéâtre, orientée au S.-S.-E., elle s'inonde des tièdes rayons du soleil pendant l'hiver, tandis que la verte chaîne des Maures la protége contre le N.-O. (le mistral).

Séparée par 4 kilomètres du bord de la mer, elle n'en jouit pas moins du tableau féerique de la rade et des îles, tandis qu'elle doit à cet éloignement un air plus doux, moins variable et moins excitant que celui des autres stations marines.

La ligne de raccordement qui vient de s'ouvrir met la ville d'Hyères à 10 minutes de la nouvelle station du chemin de fer.

Depuis de longues années, l'étang des Pesquiers a été complétement assaini. L'air d'Hyères est très-pur et enrichi des aromes balsamiques des montagnes qui l'abritent.

Hyères, contrairement à ce qui a été écrit bien souvent, n'est pas dans ses îles. Elle est bâtie sur le continent. Elle possède des hôtels de premier ordre, souvent habités par des souverains d'Europe, des villas confortables et de nombreuses maisons garnies. Les logements y coûtent 40 % meilleur marché qu'à Cannes, Nice et Menton.

L'administration municipale, toute dévouée à la prospérité de la station hivernale, a fondé un bureau de renseignements gratuits à la mairie même.

Elle supplée ainsi au syndicat que des rivalités ont fait sombrer après trois ans de fonctionnement.

MONACO
SAISON D'HIVER ET SAISON D'ÉTÉ
30 MINUTES DE NICE, 15 MINUTES DE MENTON

Le trajet de **Paris** à **Monaco** se fait en **24** heures de **Lyon** en **15** heures; — de **Marseille** en **7** heures; de **Gênes** en **5** heures.

Parmi les **Stations hivernales** du Littoral méditerranéen, **Monaco** occupe la première place par sa position climatérique, par les distractions et les plaisirs élégants qu'il offre à ses visiteurs et qui en ont fait aujourd'hui le rendez-vous du monde aristocratique.

Monaco possède un vaste Etablissement de **Bains de mer**, ouvert toute l'année, où se trouvent également des salles pour l'hydrothérapie. Le fond de la plage, ainsi qu'à **Trouville**, est garni de sable fin. C'est le seul bain de mer possédant un **Casino** où l'on joue la roulette et le trente et quarante.

Pendant la saison d'hiver, une troupe d'artistes d'élite y joue, plusieurs fois par semaine, la **Comédie**, le **Vaudeville** et l'**Opérette**.

Des **Concerts**, dans lesquels se font entendre les premiers artistes d'Europe, ont également lieu pendant toute la saison d'hiver. L'**orchestre** ordinaire du Casino est renommé sur tout le littoral.

COURSES DE NICE FIN JANVIER

Au bas des terrasses et des jardins donnant sur la mer, on a installé un **magnifique Tir aux pigeons**, dans lequel a lieu, pendant le temps des courses de Nice, un grand concours international.

Grands bals par invitations, pendant le cours de la saison.

La température, en été comme en hiver, est toujours très-tempérée, grâce à la brise de mer qui rafraîchit constamment l'atmosphère.

GRANDS MAGASINS DE MONTE-CARLO
PLACE DU CASINO

Objets d'art, de fantaisie et d'utilité, modes, nouveautés, parfumerie, etc.

GRAND HOTEL DE PARIS
UN DES PLUS SOMPTUEUX DU LITTORAL MÉDITERRANÉEN

GRAND HOTEL DES BAINS
avec annexe
ATTENANT A L'ÉTABLISSEMENT DES BAINS DE MER

Cet Hôtel est recommandé aux familles pour son confortable.

MONACO (Monte-Carlo)
HOTEL BEAURIVAGE

1er ordre; situation admirable, plein midi, abrité des vents. A deux minutes de la gare de Monaco et de Montecarlo (ouvert pour la saison d'hiver), tenu par F. SCHMITT, propriétaire de l'Hôtel d'Angleterre à EMS, établissement de 1er ordre, avec jardin sur les grandes promenades d'Ems, en face des bains.

Menton.

G^D HOTEL DE MENTON — rue Saint-Michel et Promenade du Midi.

J.-B. GENETIER, propriétaire. — Maison de 1er ordre. — Table d'hôte et restaurant à la carte. — Pension pour familles à prix modérés. Salon de lecture et fumoir. — Salles de bains. — Omnibus à tous les trains.

HOTEL DU MIDI

Promenade du Midi sur les bords de la mer. — Situation exceptionnelle. — Restaurant. — Pension.

BIGNON, propriétaire.

Propriété du département de la Corse

OREZZA

ADMINISTRATION DE LA COMPAGNIE CONCESSIONNAIRE

PARIS, 175, RUE SAINT-HONORÉ

DÉCLARATION D'UTILITÉ PUBLIQUE
MÉDAILLE D'OR DE 1re CLASSE

Les personnes atteintes de Chlorose, Anémie, Pertes, Hémorragies, Affections du foie, de l'estomac, des Intestins, Gastralgie, Pâles couleurs, et en général toutes celles qui souffrent par **Appauvrissement du sang**, devront consulter leur médecin sur l'emploi de **L'EAU D'OREZZA**, la plus riche en acide carbonique et en fer de toutes les eaux connues. *(Rapport à l'Académie de Médecine.)*

FONTARABIE

PRÈS BIARRITZ

CASINO

OUVERT TOUTE L'ANNÉE

DÉPART DE PARIS (GARE D'ORLÉANS)
à 8 heures 15 du soir
ARRIVÉE A FONTARABIE à 2 heures 10 du soir.

BAINS DE MER

FÊTES — MUSIQUE — CABINET DE LECTURE

RESTAURANT

TOUTES LES DISTRACTIONS

DE

BADEN-BADEN

Vue de Fontarabie.

Appendice 1876-1877

IV
LONDRES

SUISSE

BELGIQUE & HOLLANDE

ITALIE

ESPAGNE — TUNIS

LONDRES
MORLEY'S HOTEL.—Trafalgar Square.
LE MIEUX SITUÉ DE LA MÉTROPOLE.

LONDRES
BELLE-VUE
HOTEL DE FAMILLE ET PENSION, 21, Norfolk Street, Strand, W.C.

La maison est située sur le grand embanquement de la Tamise et dans le quartier le plus central et le meilleur de la ville, soit pour les affaires, soit pour les divertissements, étant à une distance égale de la Bourse et des Parcs, et tout près des principaux Théâtres, et de l'Aquarium Royal; la station du Temple, au chemin de fer souterrain, est en face de Norfolk street.

Les Bateaux à vapeur et les Omnibus circulent sans cesse pour tous les quartiers de la ville, près de Belle-Vue.

On parle français et allemand.

BRADFORD'S
PATENT "VOWEL" WASHING MACHINES

No family, where the washing is done at home, should be without a "Vowel" Machine.

New Illustrated Catalogue just published, sent post free on application.

THOMAS BRADFORD and Cº
140, 142 & 143, High Holborn
LONDON.

Crescent Iron Works, Salford, Manchester.

William BAILEY & SON
BY APPOINTMENT

Manufacturers of Chemicals for Telegraphic, Photographic, Pyrotechnic and other purposes. Contractors to Her Majesty's War Department, Admiralty, Post Office, India Office, and other Government Departments. Also to the principal Railway and Telegraph Companies in Great Britain.

Great attention is given to the Manufacture of Chemicals and other preparations for Commercial and Scientific use.

Works—Horseley Fields, Wolverhampton.
London Offices — 2 & 3, Abchurch Yard, Cannon Street, E.C.

GENÈVE HOTEL NATIONAL GENÈVE

Propriétaire : M. A. RUFENACHT.

Prix réduit, tout compris, pour séjour d'été et d'hiver.

Deux ascenseurs, bains et bureau télégraphique dans l'hôtel.

Cet hôtel, le seul au bord du lac, en pleine vue du Mont-Blanc, possédant de vastes vérandas, terrasses et jardins, offre tout le confort moderne.
Par sa position exceptionnelle, il réunit tous les agréments de la ville et de la campagne.

GENÈVE

PENSION MELLY

A 15 minutes de la ville et à 20 du chemin de fer et des bateaux à vapeur; sur le chemin du bois de la Bâtie. — Maison de convalescents. — M. F. MELLY, propriétaire et directeur. — Vue splendide au centre de promenades à pied et en voiture.— Prix modérés.— Omnibus quatre fois par jour.— *Bureaux de renseignements :* Mme BOURGEOIS, Fusterie, 6.

A. GOLAY-LERESCHE & Fils

Fabricants d'Horlogerie, de Bijouterie et de Joaillerie. — Deux vastes magasins complétement assortis en articles de goût et d'excellente fabrication. — Quai des Bergues, 31, et place du Port, 1.
Même maison à Paris, rue de la Paix, 2.

B.-A. BRÉMOND
PLACE DES ALPES

Fabrique de pièces à musique en tous genres et sur des airs désignés.

LAUSANNE

HOTEL GIBBON

Tenu par le propriétaire, RITTER-ROSSEL

Vaste établissement de premier ordre, très-renommé pour son confort, son agencement général et sa situation exceptionnelle. Vue fort étendue sur tout le *lac Léman et les Alpes*. Belle terrasse ombragée et grand jardin attenant à l'hôtel. Point central pour les excursions.

HOTEL RICHE-MONT

Tenu par FRITZ RITTER

Magnifique hôtel de premier rang, entouré d'un parc, dans une position splendide.

Installation élégante offrant tout le confort moderne.

(HAUTE-SAVOIE) **ÉVIAN-LES-BAINS** (LAC DE GENÈVE)
GRAND HOTEL DES BAINS
A deux heures de Genève par bateau à vapeur
A. SIGRIST, Directeur-Gérant.

150 chambres et salons. — Cuisine et service de premier ordre. — Vue splendide sur le lac et les Alpes. — Fêtes et bals. — Concert tous les jours par un orchestre composé des meilleurs artistes. Terrasses. Jardins anglais. Promenades dans les magnifiques propriétés de l'établissement. — L'antique célébrité des eaux d'Évian-les-Bains attire chaque année une foule d'étrangers de toutes les nations.

LAC DE GENÈVE (SAISON D'ÉTÉ)
AMPHION-LES-BAINS (Près EVIAN). Nouvelle Direction. — Succursale de l'hôtel BEAU-SITE, à Cannes. — Propriétaire, **Georges GOUGOLTZ**. — Eau ferrugineuse alcaline. — Ouverture le 1er juin. — Omnibus à tous les bateaux, à Evian. — Culte anglais. — Orchestre tous les jours.

(C. DE VAUD) **VILLARS-SUR-OLLON** (SUISSE)
HOTEL GRAND-MUVERAN
ET PENSION

Près du lac de Genève. — Bureau de poste et télégraphe. — Cet établissement se recommande par son confort et sa position exceptionnelle au centre des courses alpestres les plus variées. Belle route d'Aigle à Villars; service des Messageries fédérales. Charmante station d'été jouissant d'une vue splendide sur le Grand Muveran, la Dent de Morcles, la Dent du Midi, etc. — Excursions nombreuses et variées.

(C. DE VAUD) **BEX** (SUISSE)
GRAND HOTEL
ET BAINS DES SALINES

Ce magnifique établissement, pourvu de tout le confort désirable, est situé dans une position admirable; de vastes et beaux jardins l'entourent de toutes parts, et chaque année voit augmenter le nombre d'étrangers qu'attirent à Bex la douceur du climat, les cures de petit-lait et de raisins, les bains d'eaux salées et la beauté de sa situation.

HOTEL ET PENSION
VILLA DES BAINS

Nouvellement agrandie. — Dans un des plus beaux sites. — Promenades très-ombragées, en face la Dent-du-Midi et les glaciers du Trient, près des Bains salins. — Séjour agréable. — Recommandé pour sa bonne tenue. — Prix modérés. — **F. MEYER**, propriétaire.

BAINS DE SAXON

(VALAIS) (SUISSE)

Ouverts toute l'année.

Eaux iodo-bromurées, célèbres par leurs cures merveilleuses. Bains, douches, salles d'inhalation, installation balnéaire des plus complètes.

KURSAAL

Renfermant salons de jeux, de musique, théâtre, et les mêmes agréments qu'anciennement à Baden-Baden et à Hombourg.

GRAND HOTEL DES BAINS

MAGNIFIQUE CAFÉ-RESTAURANT

ANNEXÉ AU KURSAAL

Gare de chemin de fer. — Station télégraphique.

N. B. On n'est admis au KURSAAL que sur la présentation d'une carte délivrée par M. le Commissaire.

SAXON-LES-BAINS
HOTEL VANEY

MAISON DE PREMIER ORDRE, A PROXIMITÉ DE LA SOURCE ET DU CASINO

Cet établissement, récemment décoré, domine le cours du Rhône et de la vallée à plusieurs lieues de distance, et se recommande en outre par l'élégance de ses installations. — Table d'hôte à 11 heures et à 6 heures.
Omnibus au chemin de fer.

BRUXELLES

GRAND HOTEL GERNAY. 15, boulevard Botanique. — Maison de premier ordre, l'une des plus confortables, des mieux aménagées de Bruxelles; se recommande surtout par sa position centrale. Restaurant, même maison à SPA : **HOTEL DU PORTUGAL**, tenu par M. GERNAY, un des hôtels le plus ancien et le mieux recommandé de Spa.

SPA

HOTEL DE L'EUROPE

Propriétaire, H. HENRARD-RICHARD. — Maison de premier ordre, dans une situation superbe, au centre de tous les établissements. — Grands et petits appartements. Tenue parfaite. — Table d'hôte et restaurant à la carte. — Omnibus de l'hôtel à tous les trains.

GRAND HOTEL DES BAINS

BAAS-COGEZ, propriétaire. — Restaurant français et du Rocher-de-Cancale, maître d'hôtel, fournisseur de la Cour, **place Royale**, en face du Kiosque de musique et de l'Etablissement des Bains. — 60 croisées à balcons sur la place. — Ascenseur à tous les étages. — Maison renommée pour ses vins. — *Gros et Détail.* — Interprète et omnibus à tous les trains.

AMSTERDAM
CURAÇAO & ANISETTE
DE LA MAISON
De ERVEN LUCAS BOLS

Fabrique **T. LOOTSJE**, fondée en 1575, à Amsterdam. La seule Maison d'Amsterdam ayant obtenu la plus haute récompense à l'Exposition de Vienne 11 *médailles or et argent à diverses Expositions.* — Dépôt à Paris, chez Vᵉ RIVET Jeune, 8, boulevard Poissonnière et dans les principales maisons de Paris et des départements.

TURIN

Grand Hôtel d'Europe

PLACE CHATEAU
VIS-A-VIS LE PALAIS DU ROI

Hôtel de premier ordre sous tous les rapports.

Grand Hôtel Trombetta

RUE DE ROME
Tenu par Leopoldo BAGLIONI

L'Etablissement a été remis tout à neuf à l'instar des meilleurs hôtels du continent; on y trouve : salons de conversation et de lecture, fumoir, bains, table d'hôte. — Personnel parlant toutes les langues.
En vue et à proximité de la gare centrale. — Exposition au midi.
Omnibus de l'hôtel à l'arrivée et au départ de chaque train direct.

KRAFT'S
Grand Hôtel de Turin

SUCCURSALE DU BERNERHOF, A BERNE

Situé précisément en face de la station (*Porta Nuova*), du côté de l'arrivée, dans le meilleur quartier de Turin.
L'hôtel se trouve à main gauche en sortant de la gare. **Faire bien attention de ne pas se laisser entraîner ailleurs.**

Grand Hôtel de la Ligurie

PLACE BODONI ET RUE CHARLES-ALBERT

Transféré dans le somptueux Palais Boasso, expressément bâti. Splendide établissement monté avec tout le luxe et le confort réclamés par notre époque. Situation exceptionnelle. Le seul de Turin isolé au milieu d'une grande place et complétement exposé au midi. Salon de lecture, Fumoir, etc. Bains à chaque étage. Personnel parlant les principales langues. — *Omnibus à tous les trains.*

TURIN

HOTEL CENTRAL, rue des Finances, tenu par les propriétaires du café *Del Cambio*. — Position centrale près la poste et le télégraphe. — Maison expressément rebâtie. — Appartements et chambres depuis 2 fr. — Table d'hôte. — Restaurant à prix fixe et à la carte. — Fumoir, salle de lecture, avec journaux. — Omnibus à la gare.

SPÉCIALITÉ DE VERMOUTH
CORA frères, 10, rue Sainte-Thérèse

Dépôt à Paris, boulevard Poissonnière, 8

Dépôt à Londres, Fenchurch street, 123

Ce Vermouth est une boisson hygiénique à base de vin vieux, ce qui en rend l'usage aussi agréable au goût que favorable à la santé. On expédie, contre remboursement ou bon postal, en caisse depuis 6 litres (au prix de 16 fr.), et en fût depuis 20 litres (au prix de 40 fr.), le port en sus.

Vins et liqueurs assortis; envoi de prix-courants sur demande, rue Sainte-Thérèse, 10, à Turin.

GRAND CAFÉ RESTAURANT DE PARIS, récemment remis à neuf, rendez-vous des étrangers, rue Pô, tenu par **Theophile NOUVELLE**. — Excellent Etablissement. — Service parfait. — Cuisine hors ligne. — Journaux étrangers. — Spécialement recommandé pour l'excellence de ses vins. — Cabinets particuliers.

MILAN

HOTEL GRANDE-BRETAGNE, tenu par Joseph LEGNANI, via Torino, 45. — Ce grand hôtel, remis tout à fait à neuf avec d'importantes améliorations et sous la direction du nouveau propriétaire, JOSEPH LEGNANI, peut recevoir les grandes familles aussi bien que les simples touristes. Il a été très-agrandi et possède une belle salle à manger. — Salon de lecture et fumoir. — Confortable parfait.

Situé dans une des meilleures positions de la ville, à proximité de la cathédrale, de la galerie Victor-Emmanuel et des principaux édifices. — L'église anglaise est à peu de distance de l'hôtel. — Voitures et bains dans l'hôtel même.

VÉRONE

GRAND HOTEL ROYAL BARBESI (Deux-Tours), sur la place S. Anastasia, au centre de la ville. — Cet excellent établissement, si connu des familles étrangères, possède de grands appartements tenus avec un confortable parfait. — Vue admirable des montagnes environnantes et des forts. — On parle anglais, allemand et français. — Voitures pour la ville et les environs. — Salle de lecture. — Table d'hôte, 5 fr.

VENISE — HOTEL BRITANNIA
En face l'église S. Maria Salute.

Sur le grand canal, dans la plus belle situation. Ouvert et complètement remis à neuf par les nouveaux propriétaires, le 1ᵉʳ mars 1875. — Maison de premier ordre, la seule possédant un jardin à la disposition exclusive des clients de l'hôtel. — WALTHERS ET FRITZ.

NAPLES
CORAUX ET PIERRES DU VÉSUVE

F. et C. BOLTEN, palais Partanna (au 1ᵉʳ étage), nº 58

Piazza Martiri, ci-devant Largo Cappella Vecchia, entrée par la porte cochère, nº 58. Cet établissement se recommande par son ancienneté. Prix fixe marqué sur chaque objet.

GÊNES	NAPLES	CASTELLAMARE
Hôtel de France.	Hôtel de Genève et Central.	Hôtel Quisisana.

Fréquentés par les touristes et les négociants, situés dans les meilleures positions. Les **Frères ISOTTA** ont acquis l'Hôtel Central, en face l'Hôtel de Genève, afin de consacrer plus spécialement aux familles les appartements de ce dernier hôtel.

GÊNES
Grand Hôtel Trombetta
(Ci-devant FEDER)
ET GRAND HOTEL DE LA VILLE

Même maison : **B. TROMBETTA**, *propriétaire.*

Ces établissements, dans lesquels les propriétaires ont fait de nombreuses améliorations, se recommandent tout particulièrement par leur belle position. — Chambres sur le devant, avec vue superbe sur la mer.

Prix modérés. — *Personnel parlant plusieurs langues.*

Service régulier, dirigé par les propriétaires à la satisfaction de leur importante clientèle.

GÊNES
GALERIE PEIRANO
Rue Nuova, 13, vis-à-vis la Galerie Brignole.

Salle ouverte tous les jours. Riche d'une nombreuse collection de tableaux anciens de toutes les écoles, avec la
VIERGE DE LA PROPHÉTESSE
peinte par RAPHAEL SANZIO pour *Jeanne de la Rovere*, duchesse d'*Urbin*; — MICHEL-ANGE; — A. del Sarto; — Murillo; — Titien; — Francia; — Durer; — Van Dick; — Paul Véronèse; — Memmelink; — Rembrandt; — Dominiquin, et 250 tableaux parmi lesquels figure l'école allemande, et 200 dessins.

PEGLI (PRÈS GÊNES)
HOTEL D'ANGLETERRE
(Ci-devant MICHEL)

OUVERT TOUTE L'ANNÉE, EN FACE DE LA GARE

Le nouveau propriétaire a amélioré et restauré cet établissement renommé. — Riches appartements pour familles et chambres séparées. — Excellente cuisine. — Pension d'hiver. — Prix modérés. — Vins choisis. — Salon de lecture et de musique. — Ecuries et remises.
Tout voyageur logé dans l'hôtel reçoit une permission pour visiter la villa Palavicini.

NERVI
A VINGT MINUTES DE GÊNES
GRAND HOTEL ORIENTAL
A côté de la Station

Bains de mer. — Station d'hiver. — Pension à prix modérés.

LIVOURNE

HOTEL ANGLO-AMERICANO

Avec pension, tenu par **Léopoldo FOCACCI**. Établissement réunissant l'élégance au confort d'après le genre moderne. Situé dans la position la plus riante, hors la Porta al Mare, n° 20. C'est le seul hôtel à côté des établissements de Bains de mer.

LIBRAIRIE GIUSTI
Via Vittorio Emmanuel.

Assortiment complet des **Guides Joanne** et des diverses collections de la librairie Hachette.

MADRID

Grand Hôtel de la Paix

Tenu par Jean CAPDEVIELLE & Cie
Puerta del Sol, nos 11 et 12.

Etablissement de premier ordre, entièrement meublé à neuf; au centre de Madrid, 4 façades et 120 balcons sur la voie publique. — Service de la cuisine confié à l'un des premiers chefs de Paris. — Cave garnie des meilleurs vins d'Espagne et de l'étranger. Vins de Bordeaux achetés directement dans les châteaux. — Cabinet de lecture, salon de réunion, salles à manger particulières, salles de bains, voitures de luxe et interprètes. — Grands et petits appartements meublés avec luxe. — **Prix modérés**.

Family Hôtel. **HOTEL DE LONDRES** Puerta del Sol.

Succursale du **GRAND HOTEL DE LA PAIX**, recommandé aux familles. — 12 années d'existence. — Etablissement confortable et élégant, jouissant de l'un des plus beaux panoramas de Madrid. — 40 balcons sur la voie publique.

NOTA. — Ces deux hôtels sont les *seuls hôtels français* de Madrid.

TUNIS

HOTEL de PARIS

BERTRAND, propriétaire.

Maison de premier ordre, construite tout récemment, avec balcons à chaque étage; vue splendide sur la mer et les environs; façade sur deux grandes rues, exposition au levant, au midi et au couchant. — Table d'hôte. — Salons de conversation. — Cuisine toute française. — **Prix modérés**.

Appendice 1876-1877

V

SUPPLÉMENT

Annonces non classées à leur ordre :

ALCOOLATURE D'ARNICA
Des Frères Trappistes de Notre-Dame-des-Neiges

BIPHOSPHATE DE CHAUX
Des Frères Maristes de Saint-Paul-Trois-Châteaux.

Pharmacie GAFFARD, à AURILLAC

MUSCULINE GUICHON
DU MONASTÈRE DE NOTRE-DAME-DES-DOMBES (AIN)

CHOCOLAT SUCHARD, DE NEUCHATEL

Parfumerie VIOLET, à PARIS

ALCOOLATURE D'ARNICA

Fabriquée par les PP. TRAPPISTES de Notre-Dame-des-Neiges
Sous la direction de M. MURE, pharmacien de première classe.

Près Saint-Laurent-les-Bains (Ardèche)

Ce précieux médicament pris à l'intérieur est d'une efficacité certaine : 1° dans les défaillances dues à une vive émotion ou une sensation douloureuse; 2° dans les dispositions aux coups de sang et attaques d'apoplexie; 3° dans les diarrhées cholériformes des enfants et contre les vers intestinaux. On l'emploi avec le plus grand succès à l'usage externe contre les brûlures, coups, fractures, contusions, luxation, et chute des cheveux.

MM. les vétérinaires font un grand usage de l'**Alcoolature d'Arnica** de Notre-Dame-des-Neiges.

Prix du Flacon de 120 grammes, 2 francs

On expédie, franc de port et d'emballage, 12 flacons et au-dessus.

BIPHOSPHATE DE CHAUX

Médicinal des FRÈRES MARISTES

A Saint-Paul-Trois-Châteaux (Drôme)

Cette solution est le meilleur remède à opposer aux maladies de la poitrine, du système osseux et des scrofules. C'est aussi celui qui rétablit le plus promptement l'appétit et les forces, et qui convient le mieux aux personnes d'une complexion frêle et délicate.

Prix : 5 fr. le litre; 3 fr. le demi-litre.

HUMEURS — VICES DU SANG

Guérisons inespérées.

Rien n'égale le pouvoir dépuratif et curatif des pilules panchymagogues d'**Aug. Gaffard, d'Aurillac**, dans le traitement des maladies chroniques, innées ou contractées, telle que : scrofules, dartres, goutte, rhumatisme. syphilis constitutionnelle, apoplexie, cataracte, goutte sereine, vieilles ophthalmies, surdités, hernies.

On les reçoit par le retour du courrier avec une notice à l'appui et une brochure (*le Code de la Santé*) en échange de 6 fr. adressés à M. AUG. GAFFARD, gradué en médecine et en pharmacie, à Aurillac, l'auteur du remède des fièvres si renommé.

MUSCULINE-GUICHON

Seule véritable préparation de VIANDE CRUE

Le plus précieux des analeptiques connus et digestible dans les cas de dyspepsie les plus désespérés

PRÉPARÉE

Au Monastère de N.-Dame des Dombes, par Villars (Ain)

Ce produit, dont l'usage est **indispensable** aux personnes dont l'organisme est affaibli, aux enfants délicats, aux vieillards et aux convalescents, a donné des résultats inespérés dans le traitement des maladies consomptives.

Il est, de plus, une ressource extrêmement commode pour les **Voyageurs**, les **Touristes**, les **Chasseurs**, aussi bien qu'un aliment de choix pour les **Professeurs, Instituteurs, Prédicateurs, Hommes de lettres**, obligés à une nourriture légère et substantielle. — Une provision de secours dans une excursion. — **8** ou **10** pastilles permettent de retarder le repas de 3 ou 4 heures.

Se vend en boîtes de **2**, **5**, **10** et **18** fr.
Un traitement de 36 jours : **50** fr.

Une notice est envoyée *gratis* et *franco* à toute personne qui en fait la demande, et on se fait un plaisir de répondre à toute demande de renseignements

DÉPOSITAIRES PRINCIPAUX

FRANCE	ÉTRANGER
Paris, CHEVRIER, pharmacien, 21, rue du Faubourg-Montmartre.	Londres, T. TOMLINSON, chemist, 6, Lower Seymour street, Portman square W.
Lyon, GUICHON, pharmac. 3 f, r. de l'Hôtel-de-Ville, ALRIC, succes.	Bruxelles, DUPUY, successeur de Ch. DELACRE.
Marseille, ANDRE, pharmacien, 9, rue Pavillon.	Liége, HENFLING, pharmacien.
Chambéry, AUDÉ, 11, rue de la Vieille-Monnaie.	Genève, veuve DURAFORT, libraire, dépositaire général pour la *Suisse*, et dans toutes les villes principales : *Berne, Lucerne, Fribourg, Neuchâtel, Lausanne, Soleure*, etc.
Angers, BAUDRY, pharmacien, 1, place du Pilori.	
Boulogne, S. HAMAIN, pharmacien, 18, Grande-Rue.	
Lille, G. DELEZENNE, pharmacien, 4, rue Royale.	Madrid, Mariano GARCIA, pharmacien, rue d'Hortolesa.
Montpellier, BELUGON et GÉLY, pharmaciens	Buenos-Ayres, TOLEDO et MOINE, 114, rue Rivadavia.

ET DANS TOUTES LES BONNES PHARMACIES

FABRIQUE de **CHOCOLAT** Ph. Suchard A NEUCHATEL

HUIT MÉDAILLES d'or et d'argent.

AGENCE à Londres
51, ST-MARY AXE. EC.

La réputation bien acquise au **Chocolat Suchard** provient :
1° D'une expérience de 50 années dans la préparation de ce produit aussi nutritif qu'agréable.
2° De machines puissantes et perfectionnées qui permettent d'obtenir une finesse de travail parfait.
3° De l'importance de sa production, qui, en réduisant les frais de fabrication, permet de livrer des qualités supérieures à des prix relativement modiques.
Le consommateur lui accorde la préférence en raison de **sa supériorité et de son prix modéré.**

Pour bien conserver le chocolat, il faut le tenir dans un endroit sec et frais.

Le Chocolat Suchard se trouve partout.

Entrepôt général, à Paris, 16, rue Montmorency.

SAVON ROYAL DE THRIDACE

DE

VIOLET

PARFUMEUR BREVETÉ, A PARIS

Le SEUL recommandé par les sommités médicales pour l'hygiène et la beauté de la peau.

Pour éviter la contrefaçon, exiger la marque de fabrique : *La Reine des Abeilles.*

Paris, 223, rue Saint-Denis, et 12, boulevard des Capucines, rotonde du Grand-Hôtel.

Dépôt dans toutes les villes du monde.

EN VENTE CHEZ LES MÊMES LIBRAIRES

Dauphiné et Savoie, par ADOLPHE JOANNE, président du Club Alpin Français, 3ᵉ édition (71 gravures, 8 cartes, 2 plans et 3 panoramas). 7 fr. 50

Paris. — Typ. G. Chamerot, rue des Saints-Pères, 19.